未来领袖摇篮
系列丛书

**WEILAI
LINGXIUYAOLAN**

**TSINGHUA
UNIVERSITY**

卢宏学 | 编著

清华大学
圆梦清华园

TSINGHUA UNIVERSITY
Make A Dream At Tsinghua Yuan

中国出版集团
现代出版社

图书在版编目(CIP)数据

圆梦清华园：清华大学 / 卢宏学编著. —北京：现代出版社，2013.2
（2021.8重印）

（未来领袖摇篮）

ISBN 978-7-5143-1384-0

Ⅰ.①圆… Ⅱ.①卢… Ⅲ.①清华大学—青年读物②清华

大学—少年读物 Ⅳ.①G649.281-49

中国版本图书馆CIP数据核字(2013)第026840号

编　　著	卢宏学
责任编辑	李　鹏
出版发行	现代出版社
通讯地址	北京市安定门外安华里504号
邮政编码	100011
电　　话	010-64267325 64245264（传真）
网　　址	www.xdcbs.com
电子邮箱	xiandai@cnpitc.com.cn
印　　刷	北京兴星伟业印刷有限公司
开　　本	700mm×1000mm 1/16
印　　张	12
版　　次	2013年2月第1版　2021年8月第3次印刷
书　　号	ISBN 978-7-5143-1384-0
定　　价	32.00元

前 言
QIAN YAN

如今已步入不惑之年，记忆中的一些事情好多都已如烟消云散，不过有一个问题始终萦绕心头，我高中毕业的时候，家里的生活非常艰难，父母为什么还让我读完大学呢？这个问题困扰我已经20年了。终于有一天，我明白了，父母想让我换一种生活方式；他们不希望我沿着他们的生活轨迹前行！

古人说："行万里路，读万卷书。"这句话实在深刻！对现代人而言，行万里路易，读万卷书难。科技的车轮正以惊人的速度滚滚向前，终日在电脑和千奇百怪的机器前忙碌的现代人，用电线、光缆、轨道和航线把地球变成一个村落，点击鼠标，我们可以在世界的任何一个角落把自己随意粘贴。好多人已经认为读书没什么用！读书是在浪费生命。于是，面对现代文明，缺少了读大学修炼的底蕴。我们频繁遭遇对面相逢不相识的尴尬，不断地积聚那些源自心底的陌生。为此，我们渴望一种深层的理解，渴望一种心灵的历练，以让脚步和心灵能够行得更远。

大学有着上千年文化的厚厚沉积，大学有着上千年文明的跌宕起伏，大学有着上千年社会的沧桑巨变，这足以让你惊叹，让你震撼。大学给你的感觉是那样空灵，那样清新，那样恬静。追昔抚今，历史的长廊仿佛就在眼前。生命却耐不住"逝者如斯夫"的侵蚀，大学生活也是必需的人生

经历。大学的魅力，与其耳闻，不如亲见。大学生活可以弥补我们时间的缺失，增值属于我们的光阴；大学可以把智慧集腋成裘，让我们的生命成就高品质的价值。

在任何一个团体中，总有某一个人充当着核心的角色，他的言行能够被团体认可，并指引着团体的某一些决策和行动。我们可以把这种人所具备的人格魅力称为"领袖气质"。环境是一种氛围，一种智慧，一种"隐性课程"。我国古代有"孟母三迁"的故事，说明环境对人才成长的重要性。

在良好的教育环境中，人才更能轻松愉快、自由主动地去发现、思考和探索，从中获得知识经验，在情感、信念、意志、行为和价值观等方面得到潜移默化的熏陶；成长环境有助于显示今天的行动与明天的结果之间存在的永久联系。在这里，曾经出现过无数的政治、经济、军事、文化等各个行业的领军人物。他们用行动证明：最具实力、特点的学府，才能真正缔造别具一格的人才。

本丛书选了最具代表性的世界名校20所。通过对这些名校的概况、教学特点、培养的名人等的介绍，意在深度挖掘人才成功之路上不为人知的细节，同时剖析名校培养人才的根本原因所在，是一部您一定要读的人生枕边书。

尽管我们付出了诸多辛苦，然而由于时间紧迫和能力所限，书稿错讹之处在所难免。敬请各方面的专家学者和广大读者批评指正。我们不胜感激！

编者

2012年11月

目　录

开　篇　大学是未来领袖的摇篮

大学，是社会的良心，是天才的渊薮，是文化与思想的栖息地，也是每一个青少年成为未来领袖的摇篮。每所大学都有独特的文化和性格。一所大学能反映一个城市甚至一个国家的精神气质。大学是今天与未来的桥梁，认识一所大学，可以树立一个梦想；树立一个梦想，可以创造一个人生。

第一章　认识清华大学

清华大学，简称"清华"，地处北京西北郊繁盛的园林区，是在几处清代皇家园林的遗址上发展而成的。经过上百年的发展，清华大学已成为我国一个重要的教育中心和科学研究中心，是全国第一流的高等学府，在国际上也颇具影响。

第二章　漫步清华园

清华大学在明代时是一个私家花园。清朝康熙年间成了圆明园一部分，称为熙春园。道光年间分成了熙春园和近春园，咸丰年间才改名为清华园。校园很漂亮，像"荷塘月色""二校门""大礼堂""工字厅"都是一年四季游人络绎不绝之处。

第三章　清华精神

清华精神以源远流长、博大精深的中国传统文化为根基。其集中、简练的表述应当是"自强不息，厚德载物"的校训。它借用古训以凝练的语言表述了清华人基本的宇宙观和人生哲学，是使清华人保持其凝聚力和团结向上的精神力量的重要源泉。

第四章　清华课堂育英才

清华大学多个院系均实现了人才培养与国际接轨，在多门课程上采用英语教学或双语教学，使用国外原版教材，与世界名校共同组织课程、联合培养等，这些重要措施旨在为学生拓宽国际化的视野。清华为每一位学生提供了全面而具有个性化的教育。

第五章　解读清华

重视教育质量、把人才培养作为学校的第一要务，是清华大学一贯的办学目标和传统。创新是一个民族的灵魂。为国家培养更多的拔尖创新人才，是清华大学的立校之本。

开　篇　大学是未来领袖的摇篮

大学,是社会的良心,是天才的渊薮,是文化与思想的栖息地,也是每一个青少年成为未来领袖的摇篮。每所大学都有独特的文化和性格。一所大学能反映一个城市甚至一个国家的精神气质。大学是今天与未来的桥梁,认识一所大学,可以树立一个梦想;树立一个梦想,可以创造一个人生。

领袖是怎样炼成的

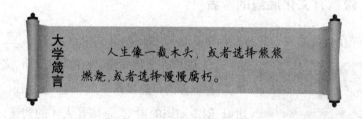

大学箴言　　人生像一截木头，或者选择熊熊燃烧，或者选择慢慢腐朽。

做一个出类拔萃的领袖

要想真正成为一名出类拔萃的领袖，必须在工作、生活各个方面具备过硬的素质。从某种意义上说，领袖必须成为人民的理想楷模。这不仅是指通常所理解的"德"，而且也是指同样重要的"智"。一个真正的领袖必须拥有远大的抱负，拥有异于常人的智慧，超常的适应能力，服务大众的态度和引导舆论的能力。

一个好领袖必是一个好的聆听者，并掌握与人沟通、表情达意的技巧。他充满自信，具有很强的分析能力，亦必毅力过人，并能不断自省以求进。英国首相温斯顿·丘吉尔说过："成功不是终点，失败也并非末日。最重要的是具备勇气，一直前行。"当一个人为实现梦想苦苦追寻的时候，需要这样一种意志和品格。

坚持，是一种信念。无论在国内，还是在国外，要获得最美丽的人生，

要实现自己最大的价值,要能够对社会、对他人有所回报,就要坚持自己的目标和梦想。

坚持,是一种过程。这个世界上,天上掉馅饼的事儿几乎为零,或者没有什么事情是一蹴而就的。在梦想实现之前,需要耐得住寂寞、孤独和暂时的不成功。

坚持,是一种生活方式。学习也好,工作也好,生活也好,都需要用一种坚持的态度去完成。这种生活方式可以磨练自己的意志力。坚持住人生信念,没有什么困难是不可以克服的。

做富有文化底蕴的智者

一个优秀的领袖必然有着深厚的文化底蕴,其实也就是文气。文气是指一个人的内在文化底蕴、外在儒雅气质、文化修养、精神境界的自然显露。大学是保存知识、传播知识、创造知识的殿堂,是培养人才的摇篮,是先进文化的策源地和辐射源。大学领导者作为知识分子的领袖、楷模和标尺,如果自身没有知识、没有文化、没有学问,即没有所谓的"文气",就不会得到师生的尊重、敬仰和爱戴,就很难引领大学的发展。

【领袖语录】

　　读书时不可有己见;读书后不可无己见。

修炼文气,须多读书,成为大学者。"腹有诗书气自华"。要养成儒雅的文气,就必须博学多识,不仅学习教育学、心理学、管理学、领导学、经济学等知识,还要多读经典古文、传统诗词、名家名篇,广泛涉猎经济、政治、文化、社会等各方面,学贯中西、通晓古今,努力成为著名学者。纵观做出卓著成绩的校长,他们都是某个学科领域的专家,同时也对人文社会科学知识有深厚的积淀。如北京大学原校长蔡元培是哲学家、美学家,还通晓教育学、心理学、生理学,堪称大学问家。

修炼文气,须多思考,成为思想家。文气的养成是为了提高个人素养,促进工作实践,而思考是学习与行动的桥梁,"学而不思则罔"。思考形成思维,思维产生观念,观念形成思想,思想决定行动。因此,大学领导者必须学会思考,并多思考。要明了大学的性质,知晓大学的历史,把握大学面对的环境和拥有的资源,把文气的养成与改造思想结合起来,与指导实践结合起来,与解决实际问题结合起来。历史证明,成功的大学领导者,一般都是深邃的思考者。譬如,哈佛大学校长博克曾著《超越象牙塔》,指出现代大学不能回避为社会的进步和国家的利益服务;芝加哥大学校长赫钦斯曾著书《高深学问》,反对功利主义,倡导博雅教育;耶鲁大学校长吉亚麦提曾著《大学和公众利益》,探讨大学的性质和在社会中的作用;加州大学校长克尔曾著《大学的功用》,提出了巨型大学的概念。由于他们对大学有深入的思考,不随波逐流,从而把大学办出了特色,推上了新台阶。

修炼文气,须多谋划,成为谋略家。大学领导者是学校的规划设计者,历史上有卓越成就的大学领导者都是优秀的谋略大师。卡迪夫大学前任校长史密斯爵士曾说过,作为领导者,他必须将四分之三的时间花在思考学校方向和战略上,他认为,"校长就是要将自己的办学战略和价值理念传播出去,让学校所有员工接受,然后选择合适的人去实现这些策略。"中国的大学校长都曾经或正在谋划制定"大学发展战略规划、大学学科和师资队伍建设规划、大学校园发展规划",引领大学的发展和振兴。事实证明,大学领导者只有经常围绕"建设一个什么样的大学,怎样建设这样的大学"的问题潜心思考,精心谋划,才能认准大学发展的根本方向,不至于随着各种思潮的冲击而左右摇摆。

> **【领袖语录】**
> 所谓年轻的心,就是总有一扇门敞开着,等待未来闯进。

浩然正气的力量

一个优秀的领袖还必须有正气。孟子曰:"吾善养吾浩然之气。"文天祥说:"天地有正气,杂然赋流形。下则为河岳,上则为日星。于人曰浩然,沛乎塞苍冥。"对大学领导者来说,正气就是不媚俗,能引领社会发展潮流。

修炼正气,须不媚俗。大学既要防止"滞后于社会"的弊端,但又不简单地"迎合时尚"。这就要求大学领导者的办学理念和行为方式必须因时而变,成为"对现在和未来都会产生影响的一种力量"。但这种适度而明智的变化不是无原则、无限度的,必须是"根据需求、事实和理想所做的变化"。罗伯特·M·赫钦斯在《学习社会》一书中直言不讳地追问:"大学究竟是为社会服务还是批评社会?是依附于社会还是独立于社会?是一面镜子还是一座灯塔?是迎合眼前的实际需要,还是传播及光大高深文化?"这些都需要我们深思。

有几个充分表明大学校长不媚俗的例子:1986 年哈佛大学校庆,当时的美国总统里根希望获得哈佛大学名誉博士的称号,但哈佛大学校长德雷克·博克予以拒绝:"里根可以成为美国总统,但他难以获得哈佛的博士学位,因为这是学术称号。"人们称之为"两个 President 之争"。基辛格从国务卿岗位上卸任并退出政坛后,很想回到哈佛大学工作,但被哈佛大学校长婉言谢绝:"基辛格是个学识渊博的人。如果论私交,我和他的关系也不坏。但我要的是教授,不是不上课的大人物。"1957 年北大校长马寅初在最高国务会议上提出他的"新人口论",受到当时权威的批判,但他说:"我决不向专以力压服,不以理说服的那种批判者们投降。"尽管他被迫辞去北京大学校长职务,全国人大常委之职也被罢免,公众的心中却未消失,马老正直的身影和铿锵之声;历史证明,马寅初不媚俗,不迷信权威,他掌握了真理。

修炼正气,须能引领。大学不应脱离社会、孤芳自赏,而应当"与社会保持接触",并"以自己的实力和声望"对科学和重大而紧迫的社会问题、社会现象进行研究,从而对社会可能采取的行动与对策产生影响。赫钦斯说:"大学是一个瞭望塔。"在改革社会中应发挥积极的作用,成为承担公共服务的必不可少的工具,应不惜一切代价加强各种创造性的活动,引领社会前进。普林斯顿大学原校长弗莱克斯纳认为:大学必须经常给予学生一些东西,这些东西并不是社会所想要的(want),而是社会所需要的(needs)。不管社会如何变化,在任何情况下,大学都有对于知识和思想保存的责任,能不断引领社会发展,而不是一味地适应社会。因此,大学领导者应有能力通过引领大学发展来引领社会发展。

底气是做人之本

一个优秀的领袖还必须有底气。底气是做人之根本、根基、根源。底气足,才有真本钱,才有发言权,才有凝聚力和号召力。底气的表现形式就是说话的分量、

> 【领袖语录】
>
> 不要把知识与智慧混淆,知识告诉你怎样生存,智慧告诉你如何生活。

人格的魅力、个人的影响力,就是群众的归属感、信任感和敬仰感。作为大学领导者,必须要有充足的底气。有了充足的底气,才能确立威信,促进事业的兴旺发达,实现大学的价值。充足的底气需要磨练和积累,需要全身心地培育和修炼。

修炼底气,须立大志。底气源于理想和信念。理想和信念是大学领导者的基本内在修养。大学最根本的社会功能就是储存、创造和传递人类文明。大学要创造新的人类文明就要为了真理而追求真理。追求真理本身就是目的,因此,它天然地反对功利主义。大学还要负载价值,守望社会精神文明,给人类以极大关怀。因此大学领导者要树立追求真理、献身真理的大志向。要坚信我们所从事的事业是正义的事业,是伟大的事业,责任崇高而神圣,任务光荣而艰巨。

修炼底气,须善实践。能力是底气的表现。大学领导者在专业上要做专家,管理上要做行家,必须勤于实践善于实践。以华中科技大学历任领导者为例,他们都是善于实践的典范。朱九思提出"敢于竞争,善于转化","科研要走在教学的前面",大力加强科学研究;杨叔子坚持"高筑墙,广积人",大力加强师资队伍建设;周济实践"以服务求支持,以贡献求发展",大力发展社会服务等。正是历届领导者励精图治,实践创新,硬是把一所名不见经传的大学建设成了一所国内外知名的大学。由此可见,大学领导者应该是实践者。他不一定是管理学科的专家,但深谙教育管理之道,善于行政管理,精于用人之道,具有解决和处理各类大学矛盾的能力。

他不一定是专门的政治家,但能够把握大学正确的发展方向,提出适合大学长远发展的办学思想与理念,用先进的办学指导思想推进大学的建设、改革与发展。

修炼底气,须敢成功。成功的大学,领导者会更有底气,有底气的领导者会把大学引向更加成功的境地。正是由于哈佛校长艾略特、劳威尔、柯南特、博克等人成功地将哈佛引向了成功,才使哈佛大学更有了底气;也正是哈佛大学的不断成功,才使哈佛大学的校长更有底气,从而进一步引领大学从胜利走向新的胜利。

大气是一种智慧

一个优秀的领袖还必须有大气。大气,就是大气度、大胸怀、大气魄,大爱心。大学应该有大气。江泽民同志在北大百年校庆时讲:"大学,应该是培养和造就高素质的创造性人才的摇篮,应该是认识未知世界、探求客观真理、为人类解决面临的重大课题提供科学依据的前沿,应该是知识创新、推动科学技术成果向现实生产力转化的重要力量,应该是民族优秀文化与世界先进文明成果交流借鉴的桥梁。"完成这一使命,"大学的党委书记和校长,应该成为社会主义政治家、教育家。"因此,大学领导者应该有大气。

修炼大气,须有大视野。大学之大,根本取决于它的两大直接产品:学术和学生,以及铸成这两大产品的模具:学者、学长和学风。因此大学之大,乃在于学术之大、学生之大、学者之大、学长之大、学风之大。大学领导者要有宽广的视野、开放的精神,兼容并蓄,善于从复杂的现象中看到事物运动的基本态势,抓住基本规律,从眼前的利害中超越出来,突破经验的束缚,对社会需求进行全局的、客观的把握,穿透眼前,看到长远。大学发展的历程证明,大学领导者的视野往往决定大学的发展。纽曼的传统大学观把大学看作是"一个居住僧侣的村庄",弗莱克斯纳的现代大学观把大学看作是一个城镇,而克拉克·克尔的多元化巨型大学观则把大学看作是"一座充满无穷变化的城市"。可见领导者的视野决定大学的视野。哈佛大学校长萨默斯以国际视野改革大学教育，强调哈佛新课程改革要给本科生更多的到国外学习的机会。

修炼大气，须有大胸怀。"一个人胸怀有多大，才能做多大的事业。"大学具有天然的包容性：首先是学科包容。大学包容了传统基础学科，还包容了跨学科、边缘学科和应用学科，甚至为那些已经乏人问津的学科以及尚未获得广泛承认的学科与知识领域留有一席之地。其次是学者包容。大学包容各种各样的学者和学生，甚至为个别行为、个性和思想方法奇特的学者创造宽松环境，使他们按自己的习惯从事活动。再次是学术包容，即包容学术上的各种不同见解。因此，大学领导者在办学理念上，要有开放意识和世界眼光，以昂扬的气势迎接各种挑战，以仁厚的情感容纳学生，以宽容的精神对待学术，以谦虚的心灵接纳新知识；要在选用人才上，有"海纳百川"的大气，以开放的胸怀招揽人才，以宽广的眼光选用人才；在具体工作上，要有团结友爱的胸怀、互以对方为重的风格，要搞五湖四海，不搞小圈子，做到坦坦荡荡、光明磊落，容人、容事、容言。如果说大楼、大师是大学的硬件，大气则是软件，软件与硬件同样重

【领袖语录】
　　气不和时少说话，有言必失；心不顺时莫做事，做事必败。

要。在一定意义上，甚至可以说软件比硬件更重要。1953 年出生的安德鲁·怀尔斯，10 岁时对世界难题费马大定理着了迷，于是立志搞数学。他 32 岁成了普林斯顿大学教授后好像突然消失了，学术会议不参加了，论文也没有，有人说他江郎才尽了，有人说应该解聘他，但普林斯顿大学校长不为所动，仍然聘他为教授，表现出了大学的大爱，终于在 9 年后的 1994 年，安德鲁·怀尔斯破解了费尔马大定理，轰动世界，也使普林斯顿大学声名远扬。

修炼大气，须有大手笔。有了大手笔，才会有大发展。大手笔，要有大气魄，要有超越、怀疑、批判精神。要超越各种形式的禁锢和守旧观念，挑战各种历史理论和权威，深刻批判与反思，进行前提性追问、主体创造与建构。正是因为洪堡的大手笔才使柏林大学得以振兴，成为研究型大学的

楷模,从而使大学具有科学研究的职能;正是范海斯的大手笔,提出"威斯康星州的边界就是威斯康星大学的边界",才使美国大学得以崛起,从而使社会服务成为大学的第三大职能;也正是蔡元培的大手笔改造旧北京大学,才使北京大学焕发出新的青春活力,成为真正意义上的现代大学。大学领导者要有大手笔,就要敢于有所为,有所不为,有所舍弃,敢于砍掉不适合自己学校发展的东西;有所为,有所先为,有所后为,敢于在自己的位置上创新、创造不可替代的业绩。

锐利的士气

一个优秀的领袖还必须有锐气。《淮南子·时则训》所说的"锐而不挫",彰显的是不畏困难和挫折的精锐士气。锐气就是要有一股子劲,始终保持一种向上的进取姿态,保持高昂的工作热情和工作韧劲。锐气就是在成绩面前不忘乎所以,在困难面前不灰心丧气,不断适应新形势,研究新情况,解决新问题,做到"苟日新,又日新,日日新"。有锐气,才能有所作为,有所建树。

修炼锐气,须讲批判。大学是知识传递与生产的场所,是新思想的重要发源地。不论是知识的传递与生产,还是真理的探求,都应该建立在大学批判责任基础之上。德国社会学家海因兹·迪特里奇尖锐地指出:"今天的大学是一些被阉割了的机构,大学教育脱离大多数人的生活现实,研究质量低下,教育道德沦丧。"作为大学领导者要弘扬大学的批判责任,鼓励和支持大学继续扮演那种绝对真理、社会公正和道德良心守护神的角色。

修炼锐气,须讲创新。加拿大阿尔伯塔大学校长罗德里克·德·弗雷泽认为,大学领导者的主要职责有三项:第一,吸引最好的学生到学校读书;第二,吸引最好的教职员工到学校工作;第三,为教职工、学生提供足够的资源,营造积极的氛围,使师生能够有效地学习、创造性地开展学术与科

清华大学
QING HUA DA XUE

研工作,保证他们发挥最大潜力。大学要做好这些工作,没有具备创新意识和创新能力的领导者是不行的。创新是大学保持生命力的关键所在。历史证明,不满足于现状,勇于改革和创新是优秀大学领导者共同的特征之一。哈佛大学原校长劳威尔说在他任校长的 24 年里,有四大创新:一是设立主攻课和基础课制度,二是设立住宿学院制度,三是设立导师制度,四是设立荣誉学位制度。这些都为哈佛大学的进一步发展奠定了基础。

　　修炼锐气,须养个性。牛津大学原校长纽曼是一个有个性的校长。他认为:大学是传播普遍性知识的场所。知识本身即目的。教育是理智的训练。大学是为传授知识而设的,"如果大学是为了研究,我不知道大学为什么要那么多学生"。他的个性造就了牛津大学

【领袖语录】

　　没有人可以打倒你,打倒你的只有你自己。

的辉煌。柏林大学原校长洪堡认为,大学的基本组织原则就是两条:自由和宁静,教师和学生为科学而共处,自由地进行各种学术上的探讨。他的个性使柏林大学很快崛起。威斯康星大学原校长范海斯认为,大学的基本

任务是把学生培养成有知识、能工作的公民；进行科学研究，发展创造新文化、新知识；传播知识，把知识传授给广大民众，使他们能够运用知识解决经济、生产、生活、政治等方面的问题。这种理念引领大学走出了古典大学的围墙，使大学获得了新的生命。曾经被毛泽东评价为"学界泰斗，人世楷模"的蔡元培，不仅提出了"囊括大典、网罗众家，思想自由、兼容并包"的著名办学方针，铸就了"北大精神"，更重要的是，他具有"外和内介、守正不阿、勇于任事、敢于负责、宽容大度、民主平等、严于律己、廉洁奉公"的个性，改造北大，铸就了北大的辉煌。

领袖素质　　远大的理想。纵观历史中的领袖都有远大的抱负，所谓吞吐天地之志。拥有这样的理想才能塑造其人格魅力。人们追随他，绝不仅仅因为他长得帅，而是因为他能带给人们希望，给人们一个远大而美好的憧憬。

大学在青少年成才中的作用

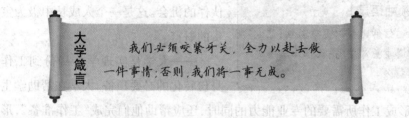

大学箴言

我们必须咬紧牙关，全力以赴去做一件事情；否则，我们将一事无成。

做一个知书达礼的人

大学可以让我们自我发展与完善，大学不仅能帮助学生"读书明理"，更能帮助学生提升修养、品质、智慧。大学教育对于年轻人形成人生观、社会价值观，对于发现和理解生命的意义和人的社会价值有极大的作用。大学是人们的精神家园。

青少年作为明日的社会精英，在大学期间除了读好本科课程外，亦应把握所有机会与同窗多交流，多沟通，以培养人际沟通技巧，学习聆听，也多表达意见。这些同侪间的互动、不断的切磋砥砺，对于培养个人自信心、提高分析和自省能力都有莫大裨益。

大学在现代已经逐渐发展成高等教育系统，由各种类型的高校组成，不同类型的高校的社会职能与社会定位、人才培养目标、对学生的要求、教育教学模式各不相同。就读不同的高校通常与不同的职业生

涯发展有着较为密切的联系。选择大学,应当是个人对大学意义与价值和自身发展设想充分认识基础上的理性判断。从一般意义上讲,今天的大学至少能为学习者提供以下服务。

——大学是探究未知世界的场所。具有好奇心的年轻人与致力于探究未知世界的教师结成共同体,大家志同道合,在满足好奇中推动人的发展和社会发展。这样的职能是其他社会机构无法替代的。

——大学是年轻人交往的地方。大学把四面八方、有着各种文化背景、生活体验与经历的学生汇集起来,让年轻人相互交往并且相互学习,为每一个学习者提供发现不同的交往伙伴的机会。这是一个人成长中极为宝贵的财富。

> **【领袖语录】**
>
> 信仰比知识更难动摇;热爱比尊重更难变易;仇恨比厌恶更加持久。

——大学是实现学生身份到工作身份转化的必要预备。大学在帮助学生形成工作所需要的专业能力的同时,还应帮助他们完成"工作准备",形成个人就业的"配置能力"(个人在就业市场上发现机会、自我判断、抓住机会实现就业的能力)。大学对学生在心理、文化、人际交往、专业等方面的训练,正是为了能有这样的"配置能力"。这是推动学生转型为"职业人"的社会化过程。

——大学帮助年轻人获得安身立命的专业能力。高等教育往往决定多数人终身的专业方向和职业领域,它帮助学生形成专业化的劳动能力,在今天这样分工高度专业化的社会,专业教育具有关键作用。

做适应社会需要的人

现代大学将越来越难以提供人们曾经期待的那种"社会地位配置"作用,而"回归"教育机构的本质。所以,大学生要认真把握大学能提供什么和自己需要什么,在大学里努力提升综合素质和专业能力,给自己的未来加注尽可能多的"能源"。

　　随着世界格局的变化,特别是东西方阵营的瓦解和各国发展模式的调整。原有政治主导或经济主导的状况相应改变。大学的普及成为影响青少年发展的重要因素,也引起青少年组织与社团的高度重视。大学为青少年学习提供动力的同时,为青少年组织与社团开展各种服务、活动、教育提供了机遇。

领袖素质

　　超常的适应能力。领袖的路并不一定是一帆风顺的。有前呼后拥的壮观场面,也有独自一人的低谷阶段。能够适应时局的起落变化,不被挫折打倒,不被胜利冲昏头脑是领袖的生存之道。

伟人的性格特点

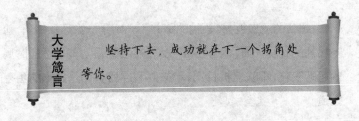

大学箴言

坚持下去，成功就在下一个拐角处等你。

非智力因素的作用

现代心理学研究表明，一个人的非智力因素(性格是其中一个重要方面)在一个人的成才中占有十分重要的作用。一个人具有优良而成熟的性格就能最大限度地发挥自己的精神力量，并能与环境中的他人建立和谐良好的关系。一个人的性格还是其自身品德、世界观的具体标志，是其精神面貌的综合反映和集中体现。

有人对享有盛誉、成就卓著的领导人的性格进行了研究，发现他们共同的性格特征是：实际、客观、求善、创新、坦诚、结交、爱生命、重荣誉、能包容、富有幽默感、悦己信人。这些性格特征是他们造福于人类的信仰的体现，对支持他们始终如一地为实现信仰而奋斗起了重大作用。

美国心理学家台尔曼对150名事业有成人士进行研究，发现性格因素与他们的成功有着密切关系。他们往往具有以下共同性格特征：第一，为取得成功的坚持力;第二,善于积累成果;第三,自信心强;第四,不自卑。考克斯对1450年至1850年400年间所出现的301位伟人进行研究,发现他们都有以下优秀性格特征:自信、坚强、进取、百折不挠等。

在社会实践中,对不同职业者还有不同的职业性格要求。例如,做医生要有严谨、认真、细心、安定的性格;做企业家要有独立、进取、坚强、开放、灵敏等性格;而作为军人就要有勇敢、坚强、果断、自制、机智等性格。不具备相应的职业性格特征的人,往往难称其职。

在日常生活和人际交往中,热情、真诚、友善的人受欢迎,生活也幸福;冷漠、虚伪、孤僻、不负责任的人受冷落,生活也多有不幸。

信念的作用

信念,是一种心理因素。信念领导力是战胜挫折、赢得机遇的前提,也是切实的方法。自信的人首先忠诚于自己的信念,这种信念融入你的言行、举止,让你的举手投足都在辅助你的语言所表达的信息,因而让人们相信你的能力和人格。作为一个领导者,信念坚定是战胜工作中的困难,力排干扰,把握时局,打开局面,果断决策和树立领导威望的一个重要的心理优势。

有了信念,才能以最佳心态开展工作、履行职责;有了信念,才能以饱满热情开创事业、完成使命。运动员在赛场比赛,要争得第一,争得一流,不可没有信念;求职者在人才市场应聘,要技压群芳,求得赏识,不可没有信念。一名领导干部,无论是作竞职演讲,还是就职表态,必须保持良好的心理素质和精神状态,以坚定的口气、热情的态度、积极的表现来赢得上级和群众的支持。

自信是一种认识和态度

自信是一种认识和态度,也通过人的风格来表现。美国形象设计大师鲍尔说:"成功男人的风格反映在外表,而优雅来自内在,它是你的自信及对自己的满意,它通过你的外表、举止、微笑展示。"自信并不一定是天生

具有的,它可以通过后天的培养而产生。如果你在生活中认真观察,你会发现这种自信是有感染力的。

　　心理学家发现,外向的性格和信念是吸引和保持朋友的重要原因。由于自信,朋友和同事愿意跟随着你,上司也会对自信的人高看一眼。因为你具有自信的气势,让别人相信你能把任何事都变成现实。然而信念却不一定需要用语言来表达,它通过你的神态、语气、姿势、仪态等等,无声无息地、由里向外地散发着魅力。

领袖素质

　　服务大众的态度。领袖并不一定要用暴力主宰一切,事实上暴力统治一般不能长久。长久的领导艺术需要懂得如何服务大众,满足大众。

大学为伟人提供了成才的环境

> **大学箴言**
>
> 所谓人才，就是你交给他一件事情，他做成了；你再交给他一件事情，他又做成了。

　　环境对人的心理和行为具有普遍制约作用。系统论认为，环境是第一个在系统周围能够广泛产生作用的场所和条件。人的心理机能是对环境的长期适应的结果，人的心理和行为取决于当前的刺激、个性特征、整个环境及特征。同时，环境与人的心理和行为是相互作用的，这种关系不仅表现在人类生存的自然环境与人的心理与行为的相互作用，也表现在社会环境与人的心理和行为的相互作用，环境对人的心理、行为产生普遍的制约作用，人的心理、行为又导致环境的改变。

　　心理学家考夫卡在其《格式塔心理学原理》一书中提出环境分为现实的地理环境与个人意想中的行为环境，他认为行为产生于行为环境，受行为环境的调节。另一位心理学家勒温在《拓扑心理学原理》一书中提出

动力场理论,该理论中的生活空间是指人的行为,也就是人和环境的交互作用。勒温所指的环境是指心理环境,是与人的需求相结合在人脑中实际发生影响的环境,由于人的需求的作用,使生活空间产生了动力,勒温称为引力或斥力。由于生活空间具有的动力,人的行为就沿着引力的方向向心理对象移动。

大学为伟人们提供了一个"宽松"与"紧张"适度平衡的环境。大学的环境往往会创造出一种特有的氛围。耶鲁大学模仿英国牛津大学和剑桥大学的模式,从 20 世纪 30 年代开始实行的"住宿学院"制沿袭至今,每个"住宿学院"有 300～500 名本科生,男女比例对等,配有院长和学监各 1 名。12 个"住宿学院"拥有自己的餐厅、客厅、庭院、图书馆、娱乐室等。学校希冀借此使其学生所受的教育不仅仅局限于课堂知识,而且注重在起居社交时学到做人的道理,并从中获得终身的友谊。

列别捷夫曾说,"平静的湖面,炼不出精悍的水手;安逸的环境,造不出时代的伟人。"在这个高等教育良莠不齐的时代,一所真正的一流大学所能为国家和民族乃至整个社会做出的贡献是不可估量的。

领袖素质

　　引导舆论的能力。不得不承认,所有的领袖都要有非常好的口才。他必须时刻掌握舆论导向,让思想意识统一在自己的领导方向上。在管理学中,领袖是人际角色中的一类,有着激励和指导团队成员的责任。

第一章　认识清华大学

清华大学，简称"清华"，地处北京西北郊繁盛的园林区，是在几处清代皇家园林的遗址上发展而成的。经过上百年的发展，清华大学已成为我国一个重要的教育中心和科学研究中心，是全国第一流的高等学府，在国际上也颇具影响。

第一课 清华大学的创建

清华名言

一个人，如果你不逼自己一把，你根本不知道自己有多优秀。

　　清华的创建有着特殊的背景。学校的历史始终同祖国的命运联系在一起。她经历了清华学堂（1911~1912）、清华学校（1912~1928）、国立清华大学（1928~1937）、国立西南联合大学（1939~1946）、复原后国立清华大学（1946~1948）、新中国成立后的清华大学（1949年至今）等重大时期一百个春秋，不断发展，奋力前进，为中国的经济、科技、文教和社会发展做出了重大贡献。

　　数十年来，清华大学逐步形成具有巨大凝聚力的传统，这就是爱国、

【清华师资力量】

截至2011年12月，清华大学有教师3133人，其中45岁以下青年教师1840人。清华大学培育和凝聚了一批又一批高水平的专家学者。近年来，学校遵循"引进与培养并举"的方针，加强青年教师队伍建设，在国内外选聘优秀人才，师资水平稳步提高。

民主、团结、自强的精神和严谨、勤奋、求实、创新的学风；并在办学过程中，特别是在新中国成立后建设社会主义清华大学的进程中，形成了自己的鲜明特色：治学严谨、求实进取，拥有一支优秀的师资队伍；理工结合、文理渗透，具有比较齐全和较高水平的学科体系；重视基础，因材施教，培养了大批国内外著名的优秀人才；联系实际，面向建设，为国家提供了一批高水平、高效益的科技成果；艰苦奋斗，自强不息，富有革命的科学的传统和优良学风；校园优美，图书设备完善，具有较好的办学条件。现在，清华大学已成为我国重要的教育中心和科学研究中心，是全国第一流的高等学府，在国际上也颇具影响。

清华大学校园，地处北京西北郊繁盛的园林区，是在几处清代皇家园林的遗址上发展而成的。清华校园周围高等学府和名园古迹林立，园内林木俊秀。清华校园占地近392.4万平方米，以南北主干道为线分为东区、西区。西区以美式的校园布局和众多西洋风格的砖石结构历史建筑为特色，大礼堂为其中心景观，图书馆、科学馆、清华学堂、西体育馆及新建的理学院、新图书馆等建筑分布其间，而原"工字厅""古月堂""水木清华"等古建筑，以及朱自清先生在《荷塘月色》中描述的"近春园荒岛——荷塘"等，则展示了中国传统的皇家园林风格。东区校园20世纪50年代则以兴建的苏式主楼为主体，90年代开始主楼前后新建了各院系系馆及综合体育馆、游泳馆、紫荆公寓等现代风格的建筑物，雄伟大气，而又安静舒适。

2003年，第六教学楼、信息技术研究院楼、纳米科技楼、美术学院大楼、紫荆学生公寓以及学生公寓区的研究生、留学生公寓和高级培训学员公寓、理化楼、公管学院大楼、老年学研究中心等相继竣工。学校占地面积392.4万平方米,建筑面积198.1万平方米,图书馆藏书401万册,另有清华生态园等绿地作为学校预留发展用地。

校园内绿草青青,树木成荫,湖光山色,景色优雅,各个时期的建筑自然形成各具风格的建筑群落,为师生创造了适宜的工作、学习、生活环境。

清华小百科

清华大学(Tsinghua University),简称"清华",地处北京西北郊繁盛的园林区,是在几处清代皇家园林的遗址上发展而成的。清华大学的前身为清华学堂,始建于1911年,是由美国"退还"的部分"庚子赔款"建立的一所留美预备学校。

第二课　清华大学的历史变迁

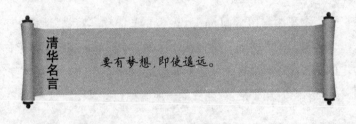

清华名言

要有梦想,即使遥远。

清华大学的前身

清华学堂是清华大学的前身,是清政府在庚子之役中战败,被帝国主义列强胁迫签订了丧权辱国的"辛丑和约"后,于1911年用美国自认向中国索取赔款"实属过多"而"退还"部分"庚子赔款"办起来的一所留美

预备学校。早期在美国通常称它为"赔款学校",一些校友称它为"国耻纪念碑"。

1909年6月,清政府在北京设立游美学务处,由外务部会同学部共同管辖。外务部左丞左参议周自齐任总办,学部员外郎范源濂和外务部候补主事唐国安为会

办,负责选派游美留学生和筹建游美肄
业馆。同年8月,清政府将在义和团失败
后荒芜的一座皇室园林——北京西北
郊的清华园拨给游美学务处,作为游美
肄业馆址,开始兴建新校舍。

从1909年至1911年,游美学务处先
后选派留美生共180人。1911年2月,游
美学务处和筹建中的游美肄业馆迁入

> **【清华师资力量】**
>
> 截至2011年12月,清华大学教师
> 中具有正高级职务的1277人,具有副
> 高级职务的1319人,教师中有诺贝尔
> 奖获得者1名,图灵奖获得者1名,诺贝
> 尔奖得主名誉教授18人,中国科学院
> 院士39名,中国工程院院士34名。

清华园,并正式改名为"清华学堂",4月29日,清华学堂在清华园正式开
学。辛亥革命后,游美学务处被撤销,清华学堂改名为清华学校,唐国安
任第一任校长。

清华学堂的学制定为八年,设高等、中等两科,各为四年。办学方
法一切仿照美国,高等科毕业生全部资送赴美留学,插入美国大学二
三年级学习。为了培养合格的留美预备生,学校对学生要求非常严格,
重视英语训练和体育锻炼。当时在国内清华以"要求严、外语好、体育
好"而闻名。

1925年，清华着手创办大学，设立大学部，增设国学研究院。清华学校改组成包括大学部、留美预备部和国学研究院，开始由一所留美预备学校逐步向完全的综合性大学过渡。1928年，清华学堂正式被命名为"国立清华大学"。翌年，留美预备部和国学研究院结束。自此，清华进入一个新的发展阶段，开始在中国高等教育界崭露头角，进而成为一支突起的新军。

从1911年清华学堂成立，到1929年留美预备部结束，清华学校先后培养和选送留美生1099人。此外，还有留美自费生476人，特别官费生10人，各机关转入清华的官费生60人和"袁氏后裔生"3人。他们回国后，许多人成为我国各界，特别是科学、文化和教育界的著名人士。

抗日战争时期

1937年，抗日战争全面爆发后，清华大学南迁，先在湖南长沙与北京大学、南开大学合组国立长沙临时大学。不久，再迁至云南昆明，定名为"国立西南联合大学"，简称西南联大，于1938年5月正式开学。西南联大设有文、法、理、工和师范等五个学院，共26个系，两个专修科和一个先修班。在校学生约3000人，是当时国内规模最大的高等学校。西南联大不设校长，由北大、清华、南开三校校长和联大秘书主任组成常务委员会，

常委梅贻琦主持校务。西南联大是北大、清华、南开三校精英之荟萃，群贤毕至，以教授水平高、学风校风好、爱国民主氛围浓、进步力量强大而蜚声中外，被人们誉为大后方的"民主堡垒"。在这一时期，清华大学既是西南联大的一个组成部分，又单独设立

了清华大学办事处,由校长梅贻琦领导,负责处理有关清华的特殊事宜,如清华基金的使用。还设有清华研究院(设文科、理科、法学三个研究所共12个学部)和清华特种研究所(设农业、航空、无线电、金属、国情普查等五个研究所,只进行专门研究,不招收研究生)。

抗日战争胜利后,1946年5月西南联大结束。同年夏秋,清华大学复原回到北平清华园。清华园在北平沦陷期间,被日本侵略军抢占,沦为日军兵营和伤兵医院,学校遭受了空前的洗劫,仪器设备和家具损失达90%以上,图书损失超过半数,教学楼与实验室也受到严重破坏。复原后的清华大学进行了艰苦的恢复工作。这一时期,清华大学的院系有较大增加。较之战前,文学院增加了人类学系,理学院增加了气象学系与心理学系,法学院增加了法律学系,工学院增加了航空工程学系、化学工程系和建筑工程学系,还在原农业研究所基础上新设了农学院,包括农艺、植物病理、昆虫、农业化学等4个系。这样,清华大学成为包含文、法、理、工、农五个学院共26个系的综合大学,比战前多了10个系。

在历史进程中,无论是在建校初期,还是在20世纪二三十年代学校发展阶段,或者在西南联大的艰苦岁月,清华始终以执着的爱国精神和严谨的学风教育莘莘学子,不仅为祖国培养了一代代优秀学者,而且涌现出一批批民主斗士和人民解放的先锋。不少校友为祖国解放和社会主义事业奋斗终身;许多健在的同志至今仍奋力工作在党和国家以及各条战线的负责岗位上,不停地为祖国做出贡献。

新中国成立后至"文革"时期

1948年12月15日,中国人民解放军进驻海淀,揭开清华历史光辉的一页——清华大学从此成为人民的大学。1949年1月10日,北平军管会文化接管委员会代表在校正式宣布接管

【清华师资力量】

截至2011年12月清华大学教师中有15名教授荣获国家级"高等学校教学名师奖",973项目首席科学家28人,100人入选教育部"长江学者奖励计划"特聘教授,51人入选讲座教授,149人获得"国家杰出青年科学基金"。"海外高层次人才引进计划"简称"千人计划"入选者55人,国家863计划各领域首席科学家7人,国家攀登计划首席科学家3人。

清华大学,历经沧桑的清华开始了她历史的新纪元。新中国成立后不久,清华大学对院系设置进行了局部调整。1949年9月,清华大学农学院分出,与北京大学及华北大学的农学院合并,成立北京农业大学。

1951年5月,厦门大学、西北工学院、北洋大学3校的航空系并入清华,设立清华大学航空学院。为更快地培养国家急需的专业人才,自1949年11月起,清华大学先后设立了15个专修科,到1954年7月结束。

根据国家社会主义经济建设的需要,1952年6月,全国高等学校进行大规模院系调整。在院系调整中,北京大学及燕京大学的工学院并入清华,清华大学文学院、理学院和法学院并入北京大学。同时,又以清华某些院系和其他院校相关系科为基础,成立了北京航空学院、北京钢铁学院、北京矿业学院、北京地质学院。院系调整后,清华大学设置机械制造、动力机械、土木工程、建筑、电机工程、无线电工程和石油工程等8个系,共22个专业。不久,石油工程系又调出清华,组成北京石油学院。这次院系调整,使清华由延续27年并已形成自己特点的多院制综合大学的体制,转变为一所多科性工业大学。

1952年11月,经中央人民政府批准,教育部任命蒋南翔为清华大学校长。1956年后,清华大学实行党委领导下的校长负责制,蒋南翔校长同时任党委书记。蒋南翔于1932年9月入清华中文系,曾任清华地下党负责人,是"一二·九"运动的领导人之一。新中国成立后,任中国新民主主义青年团中央副书记、清华大学校长、教育部副部长、高教部长、教育部长、中共中央候补委员、中央委员、中共中央顾

【清华师资力量】

2010年,清华大学有50多位教师当选为西方发达国家和国际学术权威机构院士,其中有美国科学院院士、国家工程院院士11人,俄罗斯国家院士11人,法兰西学院院士2人,荷兰皇家科学院院士、加拿大工程院院士、奥地利科学院院士、乌克兰科学院院士、瑞士技术科学院院士和国际宇航科学院院士共9人。

问委员会委员、中共中央党校第一副校长等职。院系调整后，他出任清华大学校长，直到1966年"文化大革命"无法行使行政职权为止，历时14年。他坚持社会主义的办学方向，高瞻远瞩，实事求是，使清华得到迅速发展，卓有建树。

从1955年起，根据世界科学技术发展的动向和我国社会主义建设对人才的需求，清华先后建立了无线电电子学、自动控制、工程物理、工程化学、工程力学数学等新技术及应用理科的系和专业，并注意在这些新系内发展基础理论学科，又在昌平区内自力更生建造了试验原子反应堆。到1966年6月，清华大学已拥有土木建筑工程、水利工程、精密仪器及机械制造、动力机械、农业机械、冶金、电机工程、无线电电子学、自动控制、工程物理、工程化学、工程力学数学等12个系，共40个专业。新清华十分重视师资队伍建设，强调教师在学校工作中的重要地位与作用，在一大批知名学者、教授因院系调整调离清华后，迅速建立起一支奋发向上、埋头苦干、新老结合、高水平的师资队伍。到1966年，全校共有教师2150人，其中教授76人，副教授126人。

这一时期,清华坚持"又红又专","德、智、体全面发展"的培养目标;积极贯彻"教学、科研、生产"三结合的方针;在教学上坚持"少而精""因材施教"的原则;提倡理论联系实际的学风,结合实际"真刀真枪"进行毕业设计;提出"健康地为祖国工作五十年"的口号,积极开展文体活动。到20世纪60年代中期,在校本科生和研究生达到万人规模(本科的学制为五年和六年),教学质量大幅度提高。在科学研究方面,也取得重大成果,完成了华北最大的水利工程——密云水库的设计,屏蔽实验原子反应堆的建造,核燃料后处理工艺和我国高校中第一台通用电子数学计算机的研制等重大科研项目,并在参加国徽设计、人民英雄纪念碑设计,以及建国十周年北京十大建筑设计和国防电子学研究中作出了贡献。新中国成立后,清华大学主要培养社会主义经济建设急需的工程技术人才,被誉为"红色工程师摇篮"。

随着教学和科研的发展,清华校园向东扩展,原校园东侧的京张铁路路段向东迁移,并在新扩大的东区建造了教学主楼,工物馆和精密仪器大楼,以及东区学生宿舍和生活配套设施,校园面貌大为改观。清华大学在前进中交织着曲折与教训。"文化大革命"在清华造成极大的动乱,蒋南翔校长和广大干部、教师受到严重迫害,教学、科研和学校各项工作遭到全面破坏。

自1966年夏清华停止招生后,于1970年下半年开始招生。学制三年,实行群众推荐、所在单位领导批准、学校复审的办法,毕业后回原地原单位工作。从1970~1976年招收了六届"工农兵学员"共16995人,其中学制为一年的以老工人为主的进修班学员2131人。学生程度参差不齐,又以"阶级斗争"为主课,违背学校教育的客观规律,严重影响教学质量。但绝大多数毕业生,在实践中不断学习,得到提高,在各自工作岗位上为国家作出了贡献。这期间,学校系的

【清华师资力量】

截至2011年12月,清华大学有国际电子电气工程师学会会员13人,第三世界科学院院士17人,国际欧亚科学院院士3人、国际陶瓷科学院院士2人、国际高校科学院院士2人,以及国际科学院院士和国际能源科学院院士各1人。

设置作了调整，设有机械制造、电力工程、水利工程、建筑工程、电子工程、工程力学、工程化学、工程物理、工业自动化、精密仪器等系。还以原汽车专业和机械厂为基础办了汽车厂，停办后，汽车专业并到机械系。无线电电子学系迁往四川，成立绵阳分校，水利系师生到三门峡"开门办学"。

此外，为了学"朝农"，还在北京大兴区农场办起了农村分校，招收青年农民学员。粉碎"四人帮"后，学校决定撤回绵阳分校，撤销水利系三门峡基地及大兴农村分校。"文革"期间，为了在校内大办工厂，违反办学规律，教职工人数急速膨胀，畸形发展，总人数由6013人发展到最高峰时的9517人，净增3504人。在那一段日子里，广大教职工在极其困难的条件下努力工作，许多同志利用一切机会，力图使学校工作能符合教育规律，少受损失。如对文化程度低的学生集中补习文化基础课，恢复基础课教研组，恢复实验室工作，抓教师队伍，给"文革"中留校的800多名新教师补数学、物理、外语等基础课，开办了固体物理、激光、物质结构和催化四个研究班。广大教师虽身处逆境，仍克服困难顶着各种压力，开展学术研究。如电机工程专家高景德，从生产中的实际问题出发，写出了在理论上有创见的专著《串联电容引起的电动机自激》，为江西、青海、山西等地电力系统和石油化系统解决了若干重要技术问题。其他如黄河泥沙、130系列计算机、高乐钠灯等的科学技术研究亦在"文革"前的基础上取得了一些进展。正是由于广大教师不懈的努力，才使"四人帮"对清华的破坏受到了一定的限制。

十一届三中全会之后

十年动乱以后，特别是党的十一届三中全会以来，随着我国社会主义现代化建设与改革开放的进行，清华大学进入了一个整顿、恢复、发展、提高的新阶段。经过整顿和恢复，1978年春经全国统考招收的第一批大学生入学，本科学制为五年。学校及时实行了工作重点转移，积极贯彻教育要"面向现代化，面向世界，面向未来"的指导方针，适应我国经济建设和社会主义发展需要，开始了全面的教育改革。在新的形势下，学校逐步明确了"一个根本（学校的根本任务是培养人才），两个中心（既是教育中心又是科学研究中心），三方面结合（实行教学、科研、社会主义建设实践三结合）"的指导思想和"着重提高，在提高中发展"的方针，努力提高教学质量，提高科学研究与学术水平，提高学校管理水平和办学效益，学校面貌发生了深刻变化。

这一时期，学校的系科设置和结构进一步作了调整，新建了一批高技术新兴学科专业，同时对原有的传统系科和专业进行了适当调整、更新和改造。先后建立了经济管理学院（设经济系、管理工程系、管理信息系统系、国际贸易与金融系）、理学院（设应用数学系、现代应用物理系、化学系、生物科学与技术系），增设文科三个系（社会科学系、中国语言文学系、外语系），还新建了环境工程系、材料科学与工程系和城市规划系，使工科类的系增至17个，并将其中原有的建筑系与新建的城市规划系扩建成建筑学院。此外，还建立了研究生院和继续教育学院。

1978年后，按照"理工结合、文理渗透"的发展战略，清华大学完成了由多科性工业大学到以工科为主的多学科综合大学的转变。形成了大学本科——研究生——博士后以及工程技术继续教育的多类型、多层次的高等教育体系。目前，

【清华办学成果】

清华大学在一批具有世界眼光和现代大学教育的有识之士的共同努力下，奠定了"学术自由"和"教授治校"的制度架构。在历史长河的每个阶段，清华大学在人才培养和学术贡献等方面，取得了举世瞩目的成就，并赢得了社会的广泛赞誉。

清华大学设有建筑学院、土木水利学院、机械工程学院、航天航空学院、信息科学技术学院、理学院、生命科学学院、医学院、地球科学学院、人文社会科学学院、新闻与传播学院、法学院、马克思主义学院、经济管理学院、公共管理学院、美术学院、应用技术学院等，以及生物信息与系统生物学、医学系统生物学研究中心等院系。清华大学已成为一所具有理、工、文、法、医学、经济、管理、艺术等学科的综合性大学。

清华小百科

　　1912年，清华学堂更名为清华学校。1925年设立大学部，开始招收四年制大学生。1928年更名为国立清华大学，并于1929年秋开办研究院。目前，清华大学设有16个学院，56个系，已成为一所具有理学、工学、文学、艺术学、历史学、哲学、经济学、管理学、法学、教育学和医学等学科的综合性、研究型、开放式大学。

第三课　清华大学的发展

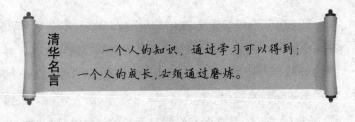

清华名言

一个人的知识，通过学习可以得到；
一个人的成长，必须通过磨炼。

　　清华大学是中国重点大学之一，名列"211工程"首批建设高校，是"211工程"首批重点建设的两所高校之一。在广东管理科学研究院武书连领导的《中国大学评价》课题组、网大、上海交通大学高教所所做的1993—2010中国大学排名中，清华连续14年蝉联第一。截至2011年12月清华有中国科学院院士38人，中国工程院院士34人，院士总数高居全国高校首位。此外，清华外聘的讲席教授中有两院院士5人，双聘教授中有两院院士26人，兼职教授中有两院院士153人，在国内高校中遥遥领先。

　　863计划、973计划、攀登计划是我国科技发展的三个重要科研计划。目前清华现任教授中有国家973计划首席科学家28人，国家863计划各领域首席科学家7人，国家攀登计划首席科学家3人。

　　多年来，清华大学的教师以其学术上的卓越成就，赢得了广泛的国际声誉，他们中有近50人当选为西方发达国家和国际学术权威机构院士，其中有美国科学院院士、国家工程院院士11人，俄罗斯国家院士11

人,法兰西学院院士2人,荷兰皇家科学院院士、加拿大工程院院士、奥地利科学院院士、乌克兰科学院院士、瑞士技术科学院院士和国际宇航科学院院士共9人,国际电子电气工程师学会会士13人,第三世界科学院院士17人,国际欧亚科学院院士3人,国际陶瓷科学院院士2人,国际高校科学院院士2人,以及国际科学院院士和国际能源科学院院士各1人,在全国高校中以较大优势领先。

传统上,清华大学为文、理并重,工程科目强势。1952年的院系调整后,文科调出、理科削减,相应学科师资划转北京大学等其他兄弟院校,保留大部分工程技术相关学科。20世纪80年代后期以来,开始致力于建设多学科的综合大学。在保持工程领域的优势的形势下,其生物、数、理、商、法、新闻等专业已经逐步取得领先地位。

清华大学,今天已发展成为一所具有理、工、医、经济、管理、人文、法律、艺术等多种学科的综合性大学。工科的严谨执着、理科的求证探索、文科的醇厚积淀、艺术的色彩浪漫,交融渗透、综合创新,形成了清华大学学科发展的深厚底蕴和独有特色。清华大学是中国培养高层次人才和科学研究的重要基地。

清华大学现设有建筑学院、土木水利学院、机械工程学院、信息科学技术学院、理学院、经济管理学院、公共管理学院、人文社会科学学院、法学院、美术学院、应用技术学院、医学院等13个学院54个系;学校还设有研究生院和继续教育学院。全校共有本科专业58个,有权授予硕士学位的专业159个,有权授予博士学位的专业123个。

【清华办学成果】

在第二轮(2006-2009)全国一级学科评估中，清华整体水平排名第一的学科数继续保持全国高校首位。在新一轮(2007)国家重点学科评定中，清华大学获得22个新设立的一级学科国家重点学科，这一数字也居全国首位。

清华大学一贯坚持学生德、智、体、美全面发展，加强学生的全面素质和创新能力的培养，促进各类优秀人才的成长。几十年来，清华大学培养造就了大批优秀人才，包括著名的科学家、教育家、艺术家、工程技术专家、企业家和政府部门的领导人，他们在科技、教育、政治、经济等各个领域作出了杰出的贡献。

清华大学重视开展国际文化交流，与国外许多著名大学、研究机构及跨国公司建立了多种形式的双边交流与合作关系，包括互派专家讲学，进行合作研究，建立联合研究中心等，促进了学校整体水平的提高。至2010年，在校学习的外国留学生3200多人，来自世界上124个国家和地区。

作为中国大陆综合实力最强的大学，清华拥有诺贝尔奖得主名誉教授18人，诺贝尔奖获得者1人，图灵奖获得者1人，中国科学院院士39人，中国工程院院士34人，973项目首席科学家28人，长江学者152人。以上数据均居全国高校之首。清华的校园文化历史悠久，个性鲜明，丰富多彩，在众多大学中独树一帜。

清华小百科

清华大学是中国著名高校，工学、管理学、理学、经济学、传播学、法学、医学、哲学、文学、艺术学、历史学等都是它的强项。清华是"211工程"首批重点建设的两所高校之一，国家首批"和"985工程"系列的重点大学，是九校联盟(C9)的成员。

第四课　清华大学的综合实力

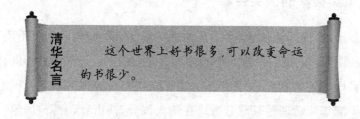

清华名言

这个世界上好书很多，可以改变命运的书很少。

首屈一指的豪华师资

清华大学名师荟萃，学者云集，目前全职教授中有中国科学院院士39名，中国工程院院士34名，总数位居全国高校第一。另有诺贝尔奖奖金获得者1名，还有近50多位教师拥有发达国家和国际权威学术机构的院士称号，有正高级专业技术职务1300余人。

作为高校科研力量的领头雁、排头兵，清华大学积极承接参与国家级重大基础性科研项目的研究，成就卓越，硕果累累，先后有12名教师在"十五"期间担任863项目专家组成员，32名教师出任863／973国家重点基础研究发展计划及国家攀登计划首席科学家，3名教师荣膺"国家工程设计大师"称号，各项指标均高居全国高校之首。清华大学教师中的"长江学者"博士生导师数量在国内名列前茅。

近年来，清华大学以海纳百川的博大胸怀吸引了大批世界级学术大

【清华小百科】

在二级学科中，清华大学获得15个国家重点学科、2个国家重点培育学科，加上一级重点学科所涵盖的二级学科，总共拥有了115个二级重点学科。

师的回归和加盟，诺贝尔奖获得者杨振宁教授在清华亲自为本科生授课，华人中唯一获得"图灵奖"（被誉为国际计算机信息学界的诺贝尔奖）的著名科学家、美国科学院院士姚其智先生更是辞去了普林斯顿大学的终身教职，加盟清华大学高等研究中心，从事计算机基础理论的研究，矢志将清华大学信息科学的研究水平带入世界一流。

出类拔萃的顶尖生源

多年来，民间流传着"半国英才进清华"的说法，而清华也不负莘莘学子的期望，敞开胸怀，揽天下英才而育之。在1999—2006年8年间，清华大学录取的各省状元总计268人，占了全国75%的理科状元。据统计，2009年清华大学理科录取分数线在绝大部分省（市、区）都位居第一，全国各省理科前十名的70%进入清华学习，其中包括绝大多数省份的理科状元（含并列），如江苏理科前10名（共14人）中的11人，内蒙古、河北、天

津、辽宁等省(区、市)理科前10名中的9名,吉林、甘肃、广西、山东、四川、湖南、海南等省(区)的理科前10名中的8名均被清华大学录取。另外,清华大学在2009年三百余人的文科招生规模共录取了50名各省(区、市)的文科前10名,其中包括超过1/3的省份文科状元。

国内领先的学术水平

清华大学是中国科学技术研究的重镇,被公认为拥有最高学术声誉、最优秀学术水平和最丰硕学术成果的大学。新中国成立以来,清华大学获得的国家级科技奖励(国家自然科学奖、国家技术发明奖和国家科技进步奖)三百八十余项,省部级科学技术奖二千余项。其中,2008年获得省部级科学技术奖67项,何梁何利基金会科学与技术进步奖2项,何梁何利基金科学与技术创新奖2项,总数在全国高校中遥遥领先。高质量的国际学术论文更是节节攀升,全面开花。科技部发布的统计结果显示,2009年国际三大科技论文检索系统SCI、EI和ISTP收录论文最多的中国学术机构,清华大学分别排在第二位和第一位。尤其值得一提的是衡量理学研究水平的ISTP,清华大学一马当先,勇拔头筹,总数高达1752篇。这一切都标志着清华大学的自然基础科学研究水平是无可争议的国内一流。在顶级学术成果方面,清华大学更是成绩斐然,多名师生在《科学》和《自然》发表论文,得到国际主流学术界的高度评价。

清华小百科

清华是亚洲和世界最重要的大学之一。截至 2010 年 3 月,学校占地面积 392.4 万平方米,位于皇家园林清华园,清朝康熙年间称熙春园。雍正、乾隆、咸丰先后居住于此,咸丰年间熙春园改名为清华园。清华大学是世界上最美丽的大学之一。

第五课　认识清华人

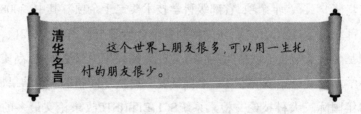

清华名言

　　这个世界上朋友很多，可以用一生托付的朋友很少。

忙碌的生活

　　校园里最常见的就是忙忙碌碌的人群和密密麻麻的自行车车流了，尤其是到了上下课的高峰时刻。有些同学，三五成群，一边谈笑风生，一边飞车前行。有的同学则是单车独行，若有所思，双目凝视正前方偏下30度左右，表情凝固。他们在想什么呢？如果是个本科生，那么很可能是刚才上课老师讲得太快，很多内容还没来得及消化，还在回味上课的内容；或是老师留了好多作业，自己刚刚在自习室里赶了两道题，发现又要上课了，匆匆奔向教室，只能在路上思考刚才做到一半的作业题。如果是个研究生，那么估计是导师刚刚找他谈话，布置了新的任务，正在思考着如何完成；或是课题研究到了关键时刻，茶不思、饭不想地思索着课题的进展。人群中也有一些老人，许多看上去很不起眼，但很有可能他就是某个系的老教授，路上的时间也抓紧用来思考。骑车的时候可要千万小心，万一撞到他们，清华和国家的损失可就大了。

在清华，包括上课、自习、作业和课程实验的时间，4年本科平均下来，每天都要学习8小时以上。周末只会因为疯狂地赶作业，而显得更加忙碌。可想这种用功的滋味比起高中来，绝对是有过之而无不及的。同学们的生活经常是"宿舍—

【清华办学成果】

截至2011年12月，清华大学累计荣获教学名师奖人数（国家级10人、北京市28人）、精品课程数（国家级61门、北京市70门）和优秀博士论文总数（73篇，占全国授奖总数的1/12）都继续保持全国高校榜首。

教室—食堂"三点一线，要去超市和澡堂，往往也会先考虑一下是去哪里顺路再行动。这种生活规律，常年坚持不变。平时的宿舍里总是空荡荡的，大家纷纷去自习室上自习。在宿舍里的同学也都在安安静静地做自己的事情，互不打搅。

最忙碌的时刻还要算临近考试之际。11点宿舍熄灯以后，白天没有"学过瘾"的同学们，自己搬着凳子在楼道里，借着楼道里微弱的灯光，继续学。他们挤满了楼道，早的会学到1点，晚的会到凌晨三四点才睡觉，很多人第二天早上8点还有课。

拼命地自习

清华的自习室是同学们勤奋的根据地。教学楼每天从早上7点开门，到晚上10点半锁门，常常是客满，想找到一间人少的自习室一年四季都是一件难事。

占座已经成为同学们的一种"习俗"，看着空位子白白留在那里，就感到难受。如果课表上显示一间教室后面的时间都没有安排课，那么距离下课前5分钟，门口就会挤满黑压压的人，他们是来占座自习的。上课占座也很厉害，尤其是能坐一两百人的大教室，因为坐在后面的同学有可能看不清黑板，所以每次离下课还好久，门口已经站满了来上下一节课的同学。经常是下午1点半上课的同学们，上午11点半就来占座。占座的时候，同学的耳朵都变得特别灵，教室里只要一说下课，教室里面的同

学还没有来得及站起来,外面的兄弟姐妹们就已经冲进来了。他们当中有绅士风度的,会等你先起身再占座;豪爽的同学会在他离你还有几米远的地方,就直接准确的投书包、飞书本到你面前的课桌上,完成占座工作。"行侠仗义"的同学们往往为了同宿舍兄弟的利益,一下子能从书包里拿出七八本书,然后非常熟练地在一排的桌子上放好。

占座最"疯狂"的时期,还要算是期末考试期间。7点自习室开门,6点就会有排了几十米的队伍堵在门口。教学楼看门的师傅一出现,大家就像看到明星那样一拥而上,贴着玻璃望着师傅的一举一动。师傅拧钥匙开大门的同时,必须马上后退,防止被人流挤开的门撞伤。学校里的教学楼和图书馆的玻璃门就是这样,在期末期间多次被挤碎。伴随着冲刺般的跑步声,10分钟之内,能容纳上千人的自习室,所有的座位上就已经全部都是书了。

为此,学校施工修建了新的第六教学楼,校学生会也掀起了风风火火的"自习室反占座行动"。如今自习室的座位已经比前几年宽裕多了。

自负与自卑

有人称"半数英才进清华",听上去夸张,其实一点不过分。每年高考全国各省理科前10名的70%以上会报考清华。看看同学们的《入学情况登记表》,"奖励"一栏密密麻麻填满了"国家奥林匹克信息竞赛一等奖""数理化全国竞赛一等奖""全国英语技能大赛第一名"……真可谓是强手如林,令人望而生畏。

【清华小百科】

目前,清华大学形成了由围绕国家战略目标而设立的重大专项和由国家财政稳定持续支持,以提供公共科技产品为主的基本计划组成的国家科技计划体系,包括国家科技支撑计划、"863"计划、"973"计划、国家自然科学基金、国家科技重大专项、部委及北京市科技计划等。

它让这些天才们在全校第一、全县第一、全市第一、全省第一的荣誉下,在鲜花、金榜和掌声中,伴随着惊人的高考成绩来到了北京,来到了清华。这使他们的自信心继续膨胀,甚至在进入清华的一刻起,对学习能力达到了自负的程度。

高考是个分水岭。从进入清华的一刻起,其实高考成绩已经一文不值,大家又重新站在了新的起点。除了同学的闲谈,校园中不会有人在意你的高考成绩,在意你是什么状元。而这些全国各地的"第一名"们,在清华里需要经受的第一件事,就是能够接受自己的第一份成绩单,重新看待原本自负的学习成绩。全都是"第一名",在一起考试,还是要有第一名和最后一名。很多人开始感受了从未有过的挫折感,考试出现了不及格,从没有拿过的六十多分,班级排名倒数,年级排队百名开外。这样的冲击直接摧毁的就是自己毫不设防的自信心,很多同学感觉就像掉进了深渊,感受着前所未有的自卑。

从自负到自卑,矛盾使同学接受了自己的普通、甚至是平庸,不得不调整心态,重新审视自己,开始新的生活。

个人价值与社会价值

清华学生是公认的全国最聪明的学生群体之一。充满着荣誉和赞扬的成长经历，家庭的期望和自己的高要求，这些都使同学们顺其自然的为自己今后的蓝图不断地进行构思和设想。

同时，清华作为中国高校的焦点，承担着为国家输送人才的重任。如今，清华的育人目标是培养三种人：兴业之将、治国之才、学术大师。因此，从成为清华人的那一刻起，每个人的肩上就已经承载了应有的社会责任。这种责任是同学通过努力和智慧，凭自己本事考上清华就确定了的。我们使用的每种资源都是国家希望能够从中得到回报的。

自古就有"鱼和熊掌不能兼得"的道理，而只在政治课本上见过的两个词语"个人价值"和"社会价值"，在清华，两者的距离竟是那么近。

清华小百科

　　2011年12月，清华在校学生37650人，其中本科生14943名，硕士生14899名，博士生7808名，有来自124个国家和地区的在校留学生2263名。学校拥有国家重点一级学科22个、国家重点二级学科15个；本科专业66个；清华大学共有一级学科博士学位授权点38个，二级学科博士学位授权点214个；博士后科研流动站37个。

第六课　清华名人榜——近代思想家梁启超

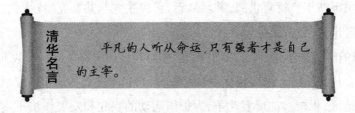

清华名言

平凡的人听从命运，只有强者才是自己的主宰。

梁启超（1873—1929），近代思想家，戊戌维新运动领袖之一，字卓如，号任公，别号饮冰室主人、饮冰子、哀时客、中国之新民等。1889年中举。1890年赴京会试，不中。回粤路经上海，看到介绍世界地理的《瀛环志略》和上海机器局所译西书，眼界大开。同年结识康有为，投其门下。1891年就读于万木草堂，接受康有为的思想学说并由此走上改良维新的道路，时人合称"康梁"。他因参与戊戌变法而成为彪炳史册的风云人物。

1895年春再次赴京会试，协助康有为，发动在京应

试举人联名请愿的"公车上书"。维新运动期间,梁启超表现活跃,曾主北京《万国公报》(后改名《中外纪闻》)和上海《时务报》笔政,又赴澳门筹办《知新报》。他的许多政论在社会上有很大影响。1897年,任长沙时务学堂总教习,在湖南宣传变法思想。1898年回京,积极参加"百日维新"。7月,受光绪帝召见,奉命进呈所著《变法通议》,赏六品衔,负责办理京师大学堂译书局事务。9月,政变发生,梁启超逃亡日本,一度与孙中山为首的革命派有过接触。在日期间,先后创办《清议报》和《惭民丛报》,鼓吹改良,反对革命。同时也大量介绍西方社会政治学说,在当时的知识分子中影响很大。武昌起义爆发后,他企图使革命派与清政府妥协。民国初年支持袁世凯,并承袁意,将民主党与共和党、统一党合并,改建进步党,与国民党争夺政治权力。

1913年,进步党"人才内阁"成立,梁启超出任司法总长。袁世凯称帝的野心日益暴露,梁启超反对袁氏称帝,1915年底到1916年,梁启超赴两广地区,积极参加反袁斗争,为护国运动的兴起和发展作出了重要贡献。袁世凯死后,梁启超出任段祺瑞把持的北洋政府财政总长兼盐务总署督办。9月,孙中山发动护法战争。11月,段内阁被迫下台,梁启超也随之辞职,从此退出政坛。1918年底,梁启超赴欧,亲身了解到西方社会的许多问题和弊端。回国之后,即宣扬西方文明已经破产,主张光大传统文化,用东方的"固有文明"来"拯救世界"。

1922年起在清华学校兼课,1925年应聘任清华国学研究院导师,指导范围为"诸子""中国佛学史""宋元明学术史""清代学术史""中国文学""中国哲学史""中国史""史学研究法""儒家哲学""东西交流史"等。这期间著有《清代学术概论》《墨子学案》《中国历史研究法》《中国近三百年学术史》《情圣杜甫》《屈原研究》《先秦政治思想史》《中

【清华校友】

杨振宁,1922年10月1日生于安徽合肥,1938年考入西南联大,1942年大学毕业即进入西南联大研究院。1957年与李政道因"弱相互作用中宇称不守恒"观念共同获得诺贝尔物理学奖。此外并曾在统计物理、凝聚态物理、量子场论、数学物理等领域做出多项卓越的重大贡献。

国文化史》等。主要著作收入《饮冰室文集》。1927年，离开清华研究院。1929年病逝。

在文学家梁实秋的回忆中，梁启超的大师风范，呼之欲出。他回忆在清华聆听梁启超的演讲时说："（他）穿着肥大的长袍，步履稳健，风神潇洒，左右顾盼，光芒四射，这就是梁任公先生。他走上讲台，打开他的讲稿，眼光向下面一扫，然后是他的极简短的开场白，一共只有两句，头一句是：'启超没有什么学问'，眼睛向上一翻，轻轻点一下头：'可是也有一点喽！'这样谦逊同时又这样自负的话是很难得听到的。"

1914年，清华刚刚建校3年时，他来清华演讲，引用《易经》里的话来勉励清华学生要做君子，树立"完整人格"："天行健，君子以自强不息；地势坤，君子以厚德载物。"他这次演讲对清华优良学风和校风的养成产生了深远的影响。此后，清华即把"自强不息，厚德载物"八字定为校训。

学术成就

梁启超的学术研究涉猎广泛,在哲学、文学、史学、经学、法学、伦理学、宗教学等领域,均有建树,尤以史学研究成果最为卓著。

1901年至1902年,先后撰写了《中国史叙论》和《新史学》,批判封建史学,发动"史学革命"。

欧游归来之后,以主要精力从事文化教育和学术研究活动,研究重点为先秦诸子、清代学术、史学和佛学。1922年起在清华学校兼课,1925年应聘任清华国学研究院导师,指导范围为"诸子""中国佛学史""宋元明学术史""清代学术史""中国文学""中国哲学史""中国史""史学研究法""儒家哲学""东西交流史"等。这期间著有《清代学术概论》《墨子学案》《中国历史研究法》《中国近三百年学术史》《情圣杜甫》《屈原研究》《先秦政治思想史》《中国文化史》等。

他一生著述宏富,有多种作品集印行于世,以1936年9月11日出版的《饮冰室合集》较称完备。《饮冰室合集》计148卷,1000余万字。

梁启超在文学理论上引进了西方文化及文学新观念,首倡近代各种文体的革新。文学创作上亦有多方面成就:散文、诗歌、小说、戏曲及翻译文学方面均有作品行世,尤以散文影响最大。

梁启超的文章风格,世称"新文体"。这种带有"策士文学"风格的"新文体",成为五四以前最受欢迎、模仿者最多的文体,而且至今仍然值得学习和研究。梁启超写于1905年的《俄罗斯革命之影响》以简短急促的文字开篇,如山石崩裂,似岩浆喷涌:"电灯灭,瓦斯竭,船坞停,铁矿彻,电线斫,铁道掘,军厂焚,报馆歇,匕首现,炸弹裂,君后逃,辇毂塞,警察骚,兵士集,日无光,野盈血,飞电刿目,全球拤舌,于戏,俄罗斯革命!于戏,全地球唯一之专制国遂不免于大革命!"然后,以"革命之原因""革命之动机及其方针""革命之前途""革命之影响"为题分而析之,丝丝入扣。难怪胡适说:"梁先生的文章……使读者不能不跟着他走,不能不跟着他想!"

【清华校友】

　　赵九章,1907年10月1日出生于河南开封,1933年清华大学物理系毕业。著名的科学家、气象学家、地球物理学家和空间物理学家。为中国人造卫星事业作出杰出的贡献。

在书法艺术方面,梁启超早年研习欧阳询,后从学于康有为,宗汉魏六朝碑刻。梁启超的主要著作有《少年中国说》《论近世国民竞争之大势及中国前途》《中国历史研究法》《中国近三百年学术史》《新民说》《饮冰室主人自说》《中国文化史》《饮冰室主人全集》《李鸿章传》《曾国藩传》《饮冰室合集》《梁启超选集》《中国历史研究法补编》《唐代集会总集与诗人群研究》。

轶事

梁启超是康有为的学生、信徒、助手，但最后他们还是分道扬镳了；梁启超与孙中山合作过，也对立过；他拥护过袁世凯，也反对过袁世凯。对此，梁启超说："这绝不是什么意气之争，或争权夺利的问题，而是我的中心思想和一贯主张决定的。我的中心思想是什么呢？就是爱国。我的一贯主张是什么呢？就是救国。"

中国古代的史官为了给后代留下"信史"而不惜杀头；梁启超毅然拒绝袁世凯的重金收买，而写出了揭露窃国大盗恢复封建帝制的《异哉国体问题》。

1925年阴历七月初七，徐志摩与陆小曼结婚，请梁启超出席证婚。梁启超反对他们"使君有妇""罗敷有夫"之间的恋情，也规劝过徐志摩；碍于徐志摩之父和胡适的情面，梁启超答应出席证婚。但在婚礼上梁启超却对徐志摩、陆小曼用情不专厉声训斥，滔滔不绝，使满堂宾客瞠目结舌。徐志摩不得不哀求："先生，给学生留点脸面吧。"

1926年3月8日，梁启超因尿血症入住协和医院。经透视发现其右肾有一点黑，诊断为瘤。手术后，经解剖右肾虽有一个樱桃大小的肿块，但不是恶性肿瘤，梁启超却依然尿血，且查不出病源，遂被复诊为"无理由之出血症"。一时舆论哗然，矛头直指协和医院，嘲讽西医"拿病人当实验品，或当标本看"。这便是轰动一时的"梁启超被西医割错腰子"案。梁启超毅然在《晨报》上发表《我的病与协和医院》一文，公开为协和医院辩护，并申明："我盼望社会上，别要借我这回病为口实，生出一种反动的怪论，为中国医学前途进步之障碍"。

梁启超真诚得有趣。黄苗子著

【清华校友】

钱学森，1911年12月11日出生，1935年至1939年在美国麻省理工学院航空工程系学习，获硕士学位。1955年，钱学森突破重重阻力回到中国。1999年，钱学森获得中共中央、国务院、中央军委授予的"两弹一星功勋奖章"，以及2006年"中国航天事业50年最高荣誉奖"等。著有《工程控制论》《论系统工程》《星际航行概论》等。

《世说新篇》,其中有《梁启超写序》,文曰:"蒋百里先生为著名军事家,但在文化上亦极有贡献。他留德归国后,曾写了洋洋五万言的《欧洲文艺复兴史》。梁启超阅后大为赞赏,蒋便请梁为此书作序。不料梁文思泉涌,序成也是五万字,觉得不好意思,便加写一短序,而把长序改为著作出版,反过来请蒋百里作序。"

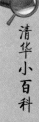

清华小百科

    2009 年泰晤士报世界大学排名:清华大学排名世界第 49 位,位列中国大陆高校第 1 名。2009 年中国首份官方权威大学排行中央教育科学研究所高等研究中心评估:清华大学位居大陆高校第 1 名。同时,清华大学也是各类大学排行榜中获得第 1 最多的大陆高校。2011 年网大中国大学排行榜:清华大学位列中国大陆高校第 1 名。2011 年 QS 公布世界大学评估排名:清华大学位于第 47 位。

第二章　漫步清华园

　　清华大学在明代时是一个私家花园。清朝康熙年间成了圆明园一部分,称为熙春园。道光年间分成了熙春园和近春园,咸丰年间才改名为清华园。校园浪漂亮,像"荷塘月色""二校门""大礼堂""工字厅"都是一年四季游人络绎不绝之处。

清华大学
QING HUA DA XUE

第一课　我们的校园

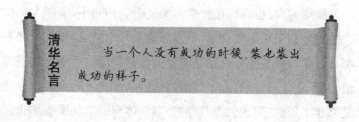

清华名言

　　当一个人没有成功的时候，装也装出成功的样子。

　　如今的清华园已经是一个非常庞大的家族了，有本科生14943人，研究生（包括博士和硕士）近22707人。院系设置更是越加完备，从一所理工类大学正在转为建设一所综合性大学，下属16个学院和56个系，而且学科还在不断扩充。清华的理工类是很强的，很多学科和专业都是全国第一，比如信息学院、机械学院、土水学院、建筑学院等等。但是工强文弱的特点还是很突出的，法学院、医学院、新闻传播学院等等也都是刚刚成立的。

　　清华大学在明朝时是一个私家花园。清朝康熙年间成为圆明园一部分，称为熙春园。道

光年间分成了熙春园和近春园,咸丰年间才改名为清华园。《中国国家地理》2000年的一期里还有一篇专门介绍"清华北大一日游"的文章。

如今的清华大学校园占地392.4万平方米,对于学生来讲,可以说是大得离谱。在学校里如果没有自行车,那么生活质量会明显下降,如果只靠腿走,从宿舍到教室一般都要走20分钟,距离四个校门也都要差不多步行半个小时。很多人来了清华一两年,还有很多地方没去过,新来的人很容易在清华园里迷路。为了方便同学,如今有了校园公交车,但车次不多。

清华的大,也体现在食堂和澡堂上。1998年,清华大学食堂最大的编号到了第十五食堂,可以想象十几个食堂,饭菜虽然不一定都合口味,但想吃个遍还是需要一段时间的。后来食堂进行了重组,几个食堂合并后,起了气势磅礴的名字:"万人大食堂"。随后,又修建了俗称"万人大澡堂"的浴室。体育锻炼场所也是非常的完善,清华有句老话:"为祖国健康工作五十年"。体育锻炼是清华最重视的事情之一了。体育课考试,男生要跑3000米,女生要跑1500米,这都是新生最为头疼的事情。学校有篮球场三十多个,足球场七八个,有为世界大学生运动会修建的耗资1.2亿的游泳馆、耗资8000万的综合体育馆,平时都对学生开放。

【清华办学成果】

2010年,清华大学文科新开课题777项。其中,国家社科基金重大招标项目立项5项,转为重点项目1项,国家社科基金年度项目13项,国家社科基金艺术学科项目4项;全国教育科学规划课题3项;教育部哲学社会科学研究重大课题攻关项目3项,教育部年度项目(含后期资助、专项)立项26项;教育部人文社会科学重点研究基地重大项目6项。

为了改善单调的学习氛围,学校里开了类似"麦当劳"的"QQ"快餐厅,永和系列也开了"清青永和"分店,还开了"哈根达斯"冰激凌店,大家对25元一勺的冰激凌望而却步,一些店铺也因生意不景气而被迫关门,但这些多元化的美食已经越来越多地走进了清华校园。

清华的四周也因为大学的存在而经济繁荣起来。别的不说,大大小小林立的饭馆就全靠清华的学生养着呢。每年的期末考试结束或毕业阶段,这些饭馆的生意都好得不行,提前几天预订才有座位。粗粗算算,一个班的同学,二三十人一顿,再喝点小酒,怎么也要吃掉它一千多块钱,试想清华光本科生就有四百多个班,他们因为生日,毕业等等各种原因都需要聚会,需要以这种方式分享快乐。

清华小百科

　　清华是中国大陆高考竞争最激烈的大学之一,每年只有中国各省市区高考成绩最优秀的高中毕业生才有机会被清华录取。清华大学的本科生,毕业后一部分到美国的院校攻读博士学位。据《高教年鉴》报道,2006年清华是获得美国院校博士学位最多的本科生生源院校。

第二课　世界上最好的生源

> **清华名言**
>
> 我们学习的目的，是为了使用。不是知识没有用，而是你没有使用，说明你没有用。

从13亿人口中选拔精英，理科考生各省前10名当中70%选择清华。虽然清华的世界排名还不那么靠前，但可以说，清华拥有世界上最好的生源。

举个例子来说，清华某热门专业，每年高考招生180人，其中高考全国各省市区理科前10名四十多人，前50名有110人。其中省状元6人，世界奥林匹克金牌4人、银牌1人。计算一下，三十多个省，每年高考全省前十名一共就三百多人。这一个系就能占上七八分之一。算上一些省市区有并列的理科状元的情况，在全国五六十位状元当中，这个系就占了1/10。走进这种系的本科宿舍，几乎每个宿舍里都会有状元、奥林匹克竞赛获奖者，或是哪个省的第几名。

【清华办学成果】

清华大学在部分学科领域已取得了一系列具有世界科学前沿水平的学术研究成果，在世界多种著名期刊上发表了多篇高水平学术论文，在国内外产生了广泛的学术影响。

世界上最好的生源,同学们都是以当地状元、学生榜样的身份来到清华,身后是辉煌的历史。

这么多各地的状元聚在一起,会是一个怎样的景观呢?这就像燃烧着的太阳,众多活跃的原子聚在一起,激烈的碰撞让这个"集合体"发光发热,展示着集体的价值;但同时,在碰撞中,一些不能适应的原子衰退了下来,消失在光芒里。从到了清华开始,各路精英的自信和自尊,就促使他们本能地努力学习起来,不由自主地选择了快节奏的生活。同学们经常奔跑着去教室、飞车去食堂、冲向自习室占座……而其中一部分人,正如前面讲到的,面对自己原本优秀的学习成绩变得平庸,面对不可想象的不及格,他们首先在激烈的竞争中没能战胜自己,在未经历过的挫折感面前低了头。在清华,每年都有一小部分学生因为不及格课程过多,不能拿到自己的学位证书和毕业证书。他们当中有当初的各地状元,有各省的前10名。对于他们来讲,这种结果令人可惜。

一位辅导员教育自己的学生们时这样说："在这里，不能让环境适应人，人要学会主动去适应环境。"谁叫这里厉害的人多呢。繁重的课业、激烈的竞争让很多同学时常喘不过气来，看书、作业、课程实验、课程论文，周而复始，本科的生活就是在这样紧张的过程中度过的。时间长了，身心疲惫的同学，不仅仅其中很多人对周围的新鲜事物没了兴趣，更是对自己学习的专业下了定论：我不喜欢这个专业、我不适合做这个行业。另一部分同学，通过几年的学习和努力，真正体会到了学习的乐趣，知道了自己适合什么样的学习方式和未来的工作方向。这些同学是在做出很多科研成果、找准今后工作方向的状态下从清华毕业的；而另一部分同学是在每天看电影、看动漫的日子里度过每一天的，因为他们觉得学的东西不感兴趣，他们只求每门都考60分，能顺利毕业就行。

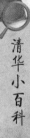

清华小百科

清华大学校园内绿草青青，树木成荫，湖光山色，景色优雅，各个不同时期的建筑自然形成各具风格的建筑群落，为师生创造了适宜的工作、学习、生活环境。清华园大礼堂的草坪前的日晷在风雨中挺立数十载，上面刻着清华的校风："行胜于言"。"行胜于言"不是不言，而是言必求实，以行证言。

第三课　七次跳槽的"清华园住客"

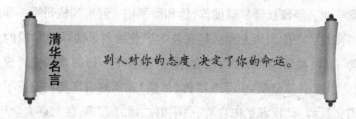

清华名言

别人对你的态度，决定了你的命运。

朱自清（1898～1948），原名朱自华，字佩弦，号秋实，江苏扬州人，现代散文家，语文教育家，文学家，诗人，学者，民主战士。幼年在私塾读书，1912年进中学学习。1916年考入北京大学预科，翌年，升入本科哲学系，1920年修完课程提前毕业。1925年清华学校设大学部，朱自清被聘为清华大学教授。

在清华大学，他开始研究中国古典文学，创作也以诗歌为主转为以散文为主，期间创作了散文名篇《背影》和《荷塘月色》。1931年，朱自清留学英国，漫游欧洲，1932年回国后写成《欧游杂记》，并出任清华大学中文系主任。1937年随清华大学迁至昆明，任西南联合大学中国文学系主任。1946年随清华大学迁回北平，仍为清华大学教授兼任中文系主任。抗战后，国民党发动内战，贫病交困的朱自清生活异常艰苦。1948年8月12日，逝于北平，享年51岁。

【清华办学成果】

在面向国民经济主战场的科研工作中，清华大学部分项目也取得了重大成果，如"大型集装箱检测系统""生物芯片""下一代互联网""应急平台"等分别在解决海关打击走私、抗击"非典"、维护公共安全等国民经济与社会发展领域中发挥了重要作用。

七次跳槽，跳进清华

任教清华之前，朱自清先后任教于杭州第一师范、扬州八中、吴淞中国公学、台州六师、温州十中、宁波四中、白马湖春晖中学等校。从1920年6月到1925年8月的五年时间内，朱自清走马灯般地换了七个学校，跳槽实在频繁。

1920年，朱自清提前一年从北京大学哲学系毕业。经校长蒋梦麟推荐，他和俞平伯一起来到杭州第一师范学校任国文教员。他们两人和从复旦公学毕业的刘延陵以及学校的另一位教师王祺，被学生称为"后四金刚"。毕业于一师的著名记者曹聚仁在回忆文章《后四金刚》中写道："蒋（梦麟）先生的确替我们安排了复课后的国文教师。他推荐了朱自清、俞平伯二师，他们刚在北京大学毕业，的确有很好的文学修养。"不过，初登讲台的朱自清丝毫没有"金刚"的

气势,其学生魏金枝后来回忆说:"说话呢,打的扬州官话,听来不甚好懂,但从上讲台起,便总不断地讲到下课为止。好像他在未上课之前,早已将一大堆话,背诵过多少次,又生怕把一分一秒的时间荒废,所以总是结结巴巴地讲。然而由于他略微口吃,那些预备了的话,便不免在喉咙里挤住。于是他就更

加着急,每每弄得满头大汗。"及至学生提问,他更是手足无措。"他就不免慌张起来,一面红脸,一面急巴巴地作答,直到问题完全解决,才得平静下来"。

　　初次亮相如此糟糕,令初出茅庐的朱自清十分尴尬。一个月后,朱自清坚决要求辞职,并写信给蒋梦麟,说要离开杭州,不再教下去了。蒋梦麟还以为是校方作梗,马上致函一师当时的校长姜伯韩,不无责怪地说:"假如像朱自清先生这样的教师,还不能孚众望的话,一师学生的知识水准,一定很差。"当时,浙江一师学生自治会主席曹聚仁从校长处得到此信后,便拿着这封信去找朱自清,劝留道:"教书是一种艺术,跟学问广博与否是不相干的。"学生们也一起劝老师慢慢来,不要着急,并陪同他去观摩其他班级的教学计划和教学情况。朱自清这才恍然大悟,原来的确是自己不谙教学方法。第二年夏天,经好友介绍,朱自清回到了母校——江苏省立第八中学任教务主任。朱自清虽为人谦和,但秉性耿直,到任不久便和校方

发生了争执。大约只待了一个多月的时间,他便以"太忙""教员学生也都难融洽"为由辞职,离开了这个使他厌恶的地方。同年9月,经朋友刘延陵介绍,他来到上海中国公学中学部教书。初来乍到,他便遭遇到了中国公学的学潮。对此,朱自清曾向刘延陵提出一个强硬的办法,即中学部停课以支持大学部。但"新人"毕竟斗不过"旧人",学校并没有"解散",而"很好的人"却被解聘了,朱自清又回到了浙江第一师范学校。经过两年的历练,再次回到一师的朱自清已经"渐渐为同学们所认识,成为信仰中的新人物"。

1922年初春,朱自清将家眷从扬州接到杭州来。没有多久,为生计所迫,他又应允了浙江第六师范校长郑鹤春的聘请,只身到台州教书,把妻子和儿女留在杭州。3月间,一师同学来信要求朱自清回去,六师的学生得知消息坚决挽留,盛情难却,他只好答应他们:"暑假后,一定回台州来!"9月间,朱自清带了妻子和两个孩子乘轮船又回到了台州。

1923年3月,朱自清由他的北大同学周予同介绍,到温州的浙江省立第十中学任教。当时的温州除了省立第十中学,还有一所省立第十师范学校,因为两所学校的课程大多数相同,所以一些教师都兼教两校。朱自清也不例外,他一边在十中教"国文",一边又在十师兼教"公民"和"科学概论"。

在温州十中,他每月薪金是30多元,但是学校经费超支,两三个月发一次薪水是常有的事,甚至有时一个月只给十元以维持生活。迫于生计,1924年2月下旬,他决定只身去宁波的省立四中任教。到达宁波四中时,适值学制改革,中学与师范合并。学校将中学六年分为三段,前二年为初中,中二年为公开高中,后二年为分科高中,分文理两科。朱自清担任文科国文教员。他自编教材,教学一贯严谨,备课充分,讲究方法,循循善诱,深受学生的欢迎。学生们常去他住处求教,他每问必答,绝不敷衍了事。因为来访的人多,朱自清索性在屋中放一张桌子,让学生们环桌而坐,不厌其烦地解答他们提出的问题。或释疑语义,或阐明语源,或传授方法,往往长达数小时之久,深得学生的欢迎。

在此期间,朱自清的朋友夏丏尊也在宁波四中兼职。为了增加收入,接济家用,他应允了夏丏尊的要求,于3月2日到上虞的私立春晖中学教了一个月的书。当他3月间来兼课时,《春晖》半月刊即登出一则消息:"本校本学期添聘的国文教员朱佩弦先生自本月起到校就职。"这期间,他写就了著名的《春晖一月》:"走向春晖,有一条狭长的煤屑路……山的容光,被云雾遮了一半,映在湖里。我的右手是个小湖,左手是个大湖。湖有这样大,使我觉得自己小了。"9月16日,他忽然接到夏丏尊来信,要他立即到白马湖春晖中学去。这次夏丏尊信中说要和他"计划吃饭方法",并且"已稍有把握",朱自清估计是春晖有专聘之意。校方果然要正式聘用他,朱自清答应担任一班国文。11月15日,宁波四中也给他安排了10点钟的课,朱自清也答应了下来。从此以后,朱自清开始了往来于宁波四中与春晖两校的教书生涯。

朱自清本来以为,此番应该可以安定下来了。可是11月20日至年底,春晖中学起了风潮,学校提前放寒假,开除学生28人。由于风潮事件,匡互生、丰子恺、夏丏尊、朱光潜等人集体辞职离开春晖园。暂时没有合适去处的朱自清虽然留在了春晖,却已下定了离开的决心:"此后事甚乏味,半年后仍须一走。"

1925年2月,朱自清给俞平伯写了一封信,信中说:"我颇想脱离教育界,在商务觅事,不知如何? 也想到北京去,因前在北京实在太苦了,只是住了那些年,很想再去领略一回。如有相当机会,当乞为我留意。"次月,他又给俞平伯去信说:"弟倾颇思入商务,圣陶兄于五六月间试为之。但弟亦未决。弟实觉教育事业,徒受气而不能受益,故颇倦之。兄谓入商务(若能)适否?"此时,清华大学正托胡适物色教授,胡适找到了俞平伯,但是俞平伯没有去,他推荐

【清华办学成果】

学校专利工作紧密围绕"提高科研成果的水平与质量,专利工作的重点转移到高水平专利的支持和技术转移"这样的宗旨开展工作。将知识产权特别是将专利权的保护贯彻到科学研究的全过程。在学校承担的重大、重点项目中,以一些重要专利技术为主,形成了以基本专利和外国专利相结合的专利群。

了朱自清,得到了胡适的应允。在迷惘中彷徨的中学教师朱自清倏然间成了清华大学的教授,实在是始料不及的。9月4日,他致信胡适表示感谢:"适之先生:承先生介绍我来清华任教,厚意极感! 自维力薄,不知有以负先生之望否! ……"就这样,1925年8月暑期过后,朱自清一个人匆匆赶往北京,结束了长达五年辗转不定的生活。

"清华园的住客"

朱自清曾先后居住过清华园西院45号、北院9号和16号。如今校园中的自清亭、朱自清塑像,记载了他作为学者、教育家的一生,也是其爱国主义精神和民族气节的写照。朱自清短暂的人生中,近一半的时光是在清华度过的。

朱自清最初住在清华园南院单身宿舍,与陈寅恪、浦江清、杨振声等教授为邻。俞平伯之子俞润民回忆:"朱自清先生曾住在南院的单身宿舍,距我家很近,因系单身一人,饭食不方便,父亲就请朱自清先生每天来我家共餐。朱先生一定要付伙食费,父亲当然不

肯收，见朱先生一定要付，最后只好收下，而暗中却又把这钱全部用在给朱先生添加伙食上。朱先生后来渐渐地察觉了丰盛的饭菜是专门为他做的。"后来在西南联大，朱自清以"西郭移居邻有德，南国共食不相忘"的诗句，表达对这段共餐经历的怀念。

【清华办学成果】
　　清华大学国内专利申请和授权数持续增长，国外专利申请和授权数增长幅度显著，在全国高校中名列第一，仅2009—2010两年申请数为872项，占1985年以来申请总数的约46%，授权数为332项，占授权总数的约62%。

　　清华大学中文系成立后，朱自清与杨振声一起拟定课程，开创了国内融汇中外文学、新旧文学的大学中文系课程体系。1930年秋，他代理中文系主任，主张"科学化""现代化"的办系理念，以"批判地接受旧文化，创造并发展新的进步文学"为中文系的使命，主张"中外文合系"，沟通中西文化。1932年9月，他出任中文系主任，亲自讲授《国文》《中国新文学研究》。他的学风和人格，杨振声描摹得恰如其分："那么诚恳，谦虚，温厚，朴素而并不缺乏风趣。对人对事对文章，他一切处理得那么公允，妥当，恰到好处。他文如其人，风华从朴素出来，幽默从忠厚出来，腴厚从平淡出来。"

　　期间，朱自清一家住进西院45号的中式住宅，紧邻荷花池与近春园遗址。1927年仲夏，荷花池的夜色触发文学家敏锐的思绪，有感于军阀征战的国内时局，朱自清写下了不朽名篇《荷塘月色》。1933年1月20日，朱自清移居清华园北院9号，"甚适意"。时常与俞平伯、浦江清、吴晗等友人桥牌竞技，或与闻一多、李健吾、叶公超等文学同道共进餐宴，探讨新文学的方向、诗的形式，颇多快意。他一生清贫，家中除基本陈设外，十分简朴。1936年3月23日，朱自清一家又迁至北院16号。他与妻子散步至成府定购家具，"做二新书橱，把装在两个香烟箱内的书搬出放进书橱，愉快之至"。不久日本入侵，他随清华南迁，在西南联大的岁月里，他时常心系北平，心系清华园。1943年，他读到马君玠的诗《清华园》：

　　"路边的草长得高与人齐,遮没年年开了又谢的百合花。屋子里生长着灰绿色的霉,有谁坐在圈椅里度曲,看帘外的疏雨湿丁香。"

　　自称"清华园的住客"的朱自清,仿佛真的回到清华园。1946年10月22日,朱自清全家终于回到清华园,回到久违的北院16号。

清华小百科

　　清华校园按照南门主路分为东区、西区。西区校园为老校区,以美式的校园布局和众多西洋风格的砖石结构历史建筑为特色。大礼堂为中心景观,图书馆、科学馆、清华学堂、同方部、西体育馆及理学院等建筑分布其间,原王府庭园工字厅、古月堂、水木清华等古建筑。东区则以1950年兴建的苏式主楼为主体,以及建筑馆、明理楼、经管学院、逸夫科技馆等现代风格的建筑物。

第四课　学生节

　　说到校园文化,就要提一提清华的学生节。1983年,计算机系创办了清华园内的第一届学生节。主创者是曾任美国sun公司亚洲研究院院长的宫力,当时他是计算机系的学生会主席。从那一天起,全校各个院系都行动起来,纷纷创办了自己的学生节。学生节是什么?顾名思义,就是清华学生自己的节日,重头戏是一台学生节综艺晚会。从晚会的策划、组织到安排,全部由学生自己来负责。这台晚会可不像中学时学校组织的文艺汇演,全部唱歌跳舞;也不是单纯文艺特长生的天下。几乎全部是同学自编自演的节目,代表了清华的校园文化,代表了学生的精神面貌。通过学生节晚会,同学们向所有人展示着青年人的成熟、理性、机智和幽默感,探索生存和心智问题,呈现出动人的精神内涵和轻松健康的自信力。学生节已经成为校园中最受同学关注的学生活动和热点话题。而如今风靡的校园DV,也是始于清华的DV鼻祖——学生节节目《清华夜话》。

有人说，为什么清华能够有学生节，能够拍出那么多在互联网上风靡的视频和小品？因为清华的学生在每年的最后一个月里，把学生节当作比学习还重要的一个大项目来对待。这样认真的态度加上清华人的智慧，才使每个系都做出精彩的节目，才延续着这样的传统。

在清华园里，一个院系的学生住在同一幢宿舍楼里，而一幢"大楼"就会营造一种独特的文化，而学生节正集中体现了这些校园文化，又促使每个院系的文化传统发扬光大。计算机系的"酒井"文化就是其中的一个代表。这两个字源于计算机系一直居住的9号楼宿舍，"酒"字就是楼号"9"的谐音，而"井"字代表了号码"#"。很多院系每年都会在全系征集当年学生节的主题、吉祥物，甚至是请系内的文人骚客挥笔作赋。

大家会发现，不论是学生节的主题，还是对联上下联对应的文字中，都有"酒井"二字，这就是计算机系学生表现自己文化风采的方式。遗憾的是，从2003年开始，有人总觉得计算机系的这个"酒"字像是在给什么酒做广告，于是只好用"久"字代替。

学生节带动着整个院系的"时代"潮流。文化衫学生节也带动着整个院系的"时代"潮流。文化衫一件接一件的设计出台，院系内文豪们的心语、故事，也被一部接一部的印成了文集在校内发行。

学生节活动就像一个雪球越滚越大，同学的胃口也是每年被吊得越来越高，不论是学生节的组织者还是参与者

> **【清华办学成果】**
>
> 从1985年至2010年，学校累计申请专利11578余项，其中，发明专利9940项；授权专利数为6744余项，其中，发明专利授权数为5247项；申请国外专利总数1915余项；国外专利授权总数536余项；计算机软件著作权登记数约为838项。

都希望明年的学生节比今年的更好。先来看看某系2003年的学生节活动安排：从刚开学的新生联欢开始，历经卡拉OK比赛、体育比赛、游戏大赛，到综艺晚会结束。每年的综艺晚会都是活动的高潮，是重中之重。整个晚会的节目全部由本系的同学排练、演出。每个节目至少要经过初审、复审和终审三次把关，最后20几个班的节目只有五六个班级的节目能够上台。节目主要以校园生活为背景创造的小品、音乐剧、诗歌、相声、歌舞组成。能够在自己系的学生节登台演出，对于一个班级和个人来讲，都是莫大的荣誉。每个班也都会全力准备，力争通过审核。

【清华办学成果】

截至2011年12月,根据中国科学技术信息研究所公布的数据,清华大学被《工程索引》(EI)收录论文数,连续17年保持全国高校首位;被《科学技术会议索引》(ISTP)收录论文数,连续22年保持全国高校首位,被《科学引文索引》(SCI网络版)收录论文,在数量保持稳定的同时,质量有稳步提升,SCI论文被引用篇数及被引用次数继续在全国高校名列前茅。

排节目非常耗费时间和精力。我们班在大二的时候准备出节目。每次排节目都需要动用半班以上的同学,前前后后排练1个多月,最后演出小品总共长度为12分43秒。

每年的综艺晚会从晚上7点开始,12点左右才能结束,大部分院系都是租用清华著名的大礼堂进行演出。学生节搞得好的院系,看节目的队伍在进场前一个小时排起一百多米的长队。能容纳1300人的大礼堂火暴时不仅座无虚席,更有一两百人站在后面看演出。学校电视台也是从网上直播各大院系的学生节现场。

每一年,同学们都被学生节的节目深深感染和打动!节目中用到的经典歌曲会在随后很长时间里在"久井"里到处播放,经典的对白会被同学反复使用,而学生节的录像更成了大家电脑中常备的录像,因为这里面有他的同学,有他的朋友,有他的"家"。

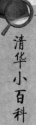

清华小百科

清华大学校园基本为一个整体,位于北京市海淀区,北四环与北五环之间,东临地铁13号线,西临北大、圆明园。此外核研院(北京昌平)、深圳研究生院、附属医院以及少量疗养所、教工住宅位于校本部之外。

第五课　清华名人榜——两岸校长梅贻琦

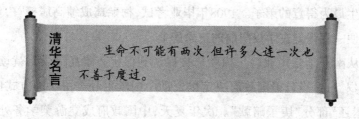

清华名言

生命不可能有两次，但许多人连一次也不善于度过。

生平追述

梅贻琦(1889~1962)，江苏武进(今常州市武进区)人。著名教育家。1909年清华第一批直接留美生。1915年在清华学校任教。1921年赴美进修获硕士学位。1925年任清华学校大学部物理系教授。1928年出任清华留美学生监督处监督。1931年至1948年任国立清华大学校长。1955年至1962年任台湾新竹清华大学校长。他对我国近代高等教育的发展作出杰出贡献。他在担任清华大学校长、西南联大常委和创办台湾新竹清华大学期间，为中国科教事业的发展作出了杰出的贡献。

梅贻琦，字月涵，1889年12月出生

> ### 【清华历史】
>
> 1994年成立信息科学技术学院。1996年成立机械工程学院。1999年，原中央工艺美术学院并入，成立清华大学美术学院。2000年成立土木水利学院、成立公共管理学院。2001年成立医学院。

于天津鼓楼西板桥胡同。梅氏祖籍江苏武进(今常州市武进区),祖上曾于明成祖永乐年间奉调驻防天津卫,遂为津门望族。清朝末年,家道中落。父梅臣,字伯忱,中过秀才,后沦为盐店职员。母张氏,其先人曾在天津鼓楼北开设义生堂药店。梅张联姻,生子女共五人,贻琦为长。1900年庚子之乱,梅家避难保定,秋季返津,家被洗劫一空,父又失业,生活极其困难,使梅贻琦自幼便养成了勤奋节俭的好习惯。

1904年,梅贻琦以世交关系进入严范孙氏家塾读书。不久,严氏家塾易名为敬业学堂。这一年年底,该校男生迁入南开区新址,遂定名为南开学堂。梅贻琦是南开学堂第一班学生,因品学兼优而成为校长张伯苓先生最为得意的弟子。1908年毕业考试,梅贻琦成绩高居榜首,他的名字便一直镌刻在学校门前的纪念碑上。

从南开学堂毕业后,梅贻琦被保送到保定直隶高等学堂就读,时年19岁。这一年,美国政府决定以资助中国学生赴美留学的方式向中国"退还"部分"庚子赔款"。次年夏天,中国政府成立游美学务处(清

华学校前身),经严格考试,录取首批留美学生47人。梅贻琦以在保定高等学堂未读完一年的资格应试,竟高中第6名。是年10月,梅漂洋过海,赴美留学,入伍斯特工业学院(Worsestor Polytechnic Institute)学习电机工程。在校期间,梅贻琦省吃俭用,把生活费节省下来一些,寄给父母,贴补家用。他因勤奋苦读,成绩优异,被选入"Sig-ma Xi"(美国大学中一种专为奖励优秀学生而设的机构)。他还担任过中国留美学生会书记,伍斯特世界会会长,《留美学生月报》经理等职。

1914年夏,梅贻琦从该校毕业,获工学学士学位。按留美学生章程规定,他可以继续留美进研究院攻读更高学位,但因家庭经济拮据,弟妹们学业难以为继,他只好提前回国,并挑起了家庭生活重担,以微薄的薪水收入,赡养父母,供弟妹们读书。

【清华历史】

　　2002年成立新闻与传播学院。2003年401医院和402医院并入清华大学成为附属医院(华信医院和玉泉医院)。2004年成立航天航空学院。2006年中国协和医科大学更名为北京协和医学院—清华大学医学部。2008年成立马克思主义学院。

　　1915年9月,梅贻琦应清华学校之聘前去任教。自此,他与清华结下了终生不解之缘。1925年,清华学校设立大学部,梅贻琦任物理系首席教授兼系主任。次年春,被教授会公选为教务长。关于这次当选,梅贻琦夫人韩咏华女士回忆说:"那时清华教授中,有博士学位的大有人在,为什么选中了他,我认为这是由于大家对他人品的信任。"

　　也正是出于对他人品的信任,1928年11月,他又被任命为清华留美学生监督处监督。清华留美学生监督处设在美国首都华盛顿,其任务是

管理分散在全美各地学习的中国留学生，掌握着留学经费的分配、学业和操行评定等大权，又因远离国内，学校当局对它鞭长莫及。当时清华校刊曾发表消息说："近来，监督处开支泛滥，政府及本大学校长对前任监督曾一再函电指责申斥，令其撙节。梅先生两任本大学教授及教务长，公正廉洁……将来到美后必有一番改革。"

梅贻琦奉命到美之后，马上着手对监督处进行全面改革。为了节省开支，他首先简化了办事机构，精简了办事人员，并以身作则，把两个孩子留在国内，只让太太一人跟随去负责做饭，且不给报酬，秘书管买菜，也不另付报酬。同时将负责做饭和打扫卫生的助理员改为半日制的工作，只管打扫卫生。他自己也学会了开车，辞退了专用司机。日常生活上坚持一切从俭。例如冬天取暖，地下室有个大火炉，他多次亲自下到炉道里掏拣没燃尽的煤渣再用，常常弄得满身炉灰，一脸炭黑。在他的努力之下，监督处的工作大有起色，经济混乱现象很快就得到了彻底改观。

三年之后，梅贻琦又一次离美返国，回清华大学担任校长。清华校长人选问题，向来是个颇让政府头疼的大问题。从1911年到1928年的17年时间里，校长一职便十易其主，这十位校长多数任期不到一年，有的只两三个月就被师生们赶走，有的甚至连校门都未能进就为师生们所拒绝。1928年，清华学校易名为国立清华大学后，校长问题又风波迭起，罗家伦、吴南轩连遭师生们驱逐，阎锡山任命的校长乔万选，还未到任就被拒之门外。政府只好暂时委托著名地质学家翁文灏和著名物理学家叶企孙等先后代行校务。翁、叶二人又先后以种种理由坚辞，并吁请当局为清华前途计，尽快解决校长人选问题。在此期间，许多知名人士被举荐为校长人选，但不是政府不同意，便是师生们不接受。反反复复，选来选去，人们想起了远在万里之外异国他乡的梅贻琦，一经提出，便获一致通过。

【清华历史】

2009年成立生命科学学院。2011年成立环境学院。建校100周年，两岸清华（清华大学，台湾"清华大学"）大学共同举办"百年校庆"的相关活动。

1931年12月,梅贻琦出任清华大学校长,从此结束了该校长期不稳定的局面,开创了清华大学历史上的黄金时代。年底,梅贻琦住进了校长住宅——清华园甲所。搬家之后,他首先做出的决定,就是宣布放弃校长在生活方面的所有特权。家里的佣工,自己拿钱付工资;电话费,自己掏腰包;学校每年供应校长住宅的两吨煤也被他取消了。过去历任校长,甲所的一切日用物品包括手纸都是公费,由公务员按时送到,他把这一切也全免了。他认为这些开支虽然款额有限,但涉及观念和制度问题,不可小视。

据梅夫人回忆:"我和月涵一起进城时可以坐他的小轿车。我一人进城时永远乘班车。"为了尽可能节俭,梅校长常以步代车,走很远的路。办公用品能省就省。清华大学档案室里,至今还保存有他的一些用废纸头起草的公函、报告提纲等。校务管理方面,他尽力减少办事机构,裁减办事人员。他常说:"因事设人效率高,因人设事扯皮多。"清华大学校长的地位很高,权势很大,每年招生期间,都会有些政界要员、亲朋好友想通过他将自己的子女破格录取入学。为此,他给有关工作人员定下一条规矩:凡有此类信件,一律不准上呈,也不准签复,只搁在一边了事。

像清华这样一所大学校,那时候并不设副校长,一切由校长一人负责。梅贻琦的生活几乎就只有工作,甚至吃饭睡觉都想着学校的问题。他为人严肃,不苟言笑,回到家里,对公事和人事问题只字不提,有人到家来谈公事,妻子儿女都不准参与。梅夫人晚年

曾回忆说："我作为他的妻子,一生没有财权,他给多少钱我就过多少钱的日子,从不计较,也绝不干预他认为应该做的事。"

梅贻琦的公正廉明在清华深得民心,受到师生们忠心拥戴,所以其校长"宝座"也就非常牢稳。有一次有人闲话时问他:"别的校长在任时间都很短,有的只几个月便被赶走了,怎么你一做就是这么多年?"他很幽默的回答:"大家倒这个,倒那个,就是没有人愿意倒梅(霉)。"

1937年7月卢沟桥事变,日军大举入侵,平津很快沦陷。北京大学、清华大学、南开大学仓促南迁,在湖南长沙联合成立"长沙临时大学"。不久,南京陷落,武汉告急,长沙危在旦夕,"临大"不得不再踏上迁徙征途,三千里路云和月,最后驻足于云南昆明滇池湖畔,并易名为"国立西南联合大学"。联大的领导机构为三校校长组成的"联大常委会",原定常委会主席由三校校长轮流担任,第一任从梅贻琦开始。但后因北大校长蒋梦麟和南开校长张伯苓长期在重庆兼任要职,所以联大工作实际上自始至终由梅贻琦一人主持,师生们都亲切地称他"梅常委"。

北大、清华、南开,各有自己的历史传统和风格,经济条件也大不相同。

清华由于有美国"退还"的"庚子赔款"做后盾,经济实力是其他两校无法相比的。如今联合办学,平分秋色,实非易事。抗战初期,别的学校也有合办的例子,但鲜有成功者。例如几所大学曾组建过"西北联合大学",就是昙花一现。西南联大合作办学近9年,在梅贻琦领导下,彼此团结一致,亲密无间,内创学术自由之风气,外树民主堡垒之形象,在战乱年代,为国家和民族保存了元气,造就了包括杨振宁、李政道、朱光亚、邓稼先等在内的一大批蜚声中外的著名科学家,卓有成效地完成了自己的历史使命。联大的存在、发展和所取得的成就,被公认为是

【清华校内交通】

校园交通车1999年4月开通,为学校师生员工、来校访问者、办事人员提供便捷的校内交通服务。校园交通车运行时间为工作日7:10—18:00,周六、周日及法定节假日8:00—18:00,寒暑假期间运行时间如有调整,以公告为准。首发地点:西校门,每10分钟发一班次(单向开行间隔时间为每20分钟发一班次)。

战时教育的奇迹。

西南联大初创的几年里,日本飞机几乎天天来空袭。学校没有防空设施,每有警报响,作为学校最高领导的梅贻琦也跟一般教师一样往学校后面的小山上跑,躲在一片乱坟地里,而且表现出一种沉着镇定、从从容容地气度。曾长期担任清华大学法学院院长的陈岱孙先生回忆说:"他这一镇定、坚毅、平等的行为在西南联大起了不言而教的作用。"

在居住方面,梅家也没有与身份相称的什么公馆别墅,而是和普通教授一样租用民房,阶沿上摆几把椅子,便成了所谓客厅。后来从花椒巷搬到西仓坡,一栋小楼,楼上是书房和卧室,楼下便是联大办事处,热闹得很。外出开会办事,梅贻琦多是步行,实在太远就搭别人的车。自己无车可乘,也毫无怨言,因为他"自作自受",在联大成立之初,就考虑到学校人员多用车紧张,把自己的校长专车交给学校充做公用了。

吃的经常是白饭拌辣椒,有时吃顿菠菜豆腐汤,全家就很满意了。战时经济困难,教授们的月薪只够勉强维持两三星期的生活。陈寅恪先生是当时为数不多的部聘教授之一,又有中央研究院的兼职,薪水远较一般教授高,也有诗曰:"淮南米价惊心问,中统钱钞人手空。日食万钱难下箸,月支双俸尚忧贫。"为贴补家用,教授们只好变卖家中衣物等。再往后,卖无可卖,便打小工或做些小手工艺品卖。例如闻一多先生就曾挂过刻章治印的招牌。梅贻琦家境也很困难,夫人韩咏华女士一开始还想为人做佣工,后来被人家认出来,堂堂名牌大学校长、中央委员的夫人,谁还敢雇,只好作罢。回家跟别的教授太太一起做些围巾、帽子等女工,或者做些小食品,拿出去卖。她回忆当时情形说:"我年岁比别人大些,视力也不很好,只能帮助做做围巾穗子。以后庶务赵世昌先生介绍我做糕点去卖。赵是上海人,教我做上海式的米粉碗糕。由潘光旦太太在乡下磨好七成大米、三成

【清华校内交通】

　　行车路线(双向对开):西校门、游泳池、后勤综合服务平台、老年活动中心、洁华幼儿园、南校门、主校门、美术学院、东主楼、综合体育馆、游泳馆、东北校门、紫荆公寓17号楼、紫荆公寓14号楼、北校门、图书馆、西北校门、校医院、游泳池、西校门。

糯米的米粉，加上白糖和好面，用一个银锭形的木模子做成糕，两三分钟蒸一块，取名'定胜糕'（即抗战一定胜利之意），由我挎着篮子，步行四五十分钟到冠生园寄卖。月涵还不同意我们在办事处操作，只好到住在外面的地质系袁教授太太家去做……有人建议我们把炉子支在冠

生园门前现做现卖，我碍于月涵的面子，没肯这样做。卖糕时我穿着蓝布褂子，自称姓韩而不说姓梅。尽管如此，还是谁都知道了梅校长夫人挎篮卖'定胜糕'的事。由于路走得多，鞋袜又不合脚，有一次把脚磨破，感染了，小腿全肿起来。"此外，梅夫人还在大西门旁铺块油布摆过地摊，卖些

旧衣物和用毛线头编结的小物件等。

联大的学生也长期挣扎在饥饿线上。梅贻琦先生从重庆政府教育部申请来一些补助金发给学生。他自己有四个子女都在联大上学，却不让他们领一分钱的救济。一个孩子的眼镜丢了，就没有钱再配一副新的。

1945年8月，日本宣布投降。八年艰苦的岁月终于熬到了头，联大也完成了历史使命，1946年5月4日，举行结业典礼，宣告解散，三校分别复原北返。梅贻琦继续担任清华

大学校长。

沦陷期间,清华园被日军占据,做了兵营和伤兵医院,遭到了严重的破坏,体育馆被辟为马厩和贮藏室及厨房,图书馆改做手术室和病房,教授住宅成了随军妓院等等,图书资料、仪器设备等荡然无存。为了恢复重建清华园,梅贻琦一方面力争尽可能多地向政府申请拨款并力争保住美退庚款的所有权,另一方面,他大力提倡艰苦奋斗,勤俭节约,使复原后的学校能够迅速治愈战争创伤,顺利开学上课,而且在短短的两年多时间里,又有了较大的发展:校园面积从战前的八十多万平方米扩大到107万平方米,建筑面积增加了二十多万平方米,院系设置也有了很大变化,除新增加一个农学院外,原有的理学院、文学院、法学院、工学院都分别增加了一些专业,另外有研究院下属的二十多个研究所等,教职员工和学生人数也都有所增加。

清华复原重建的两年多时间,正是战争阴云密布、整个社会处于一片混乱无序状态。在这样的大背景下,征地扩大校园,盖楼设计施工,开学聘师招生等,在今人心目中,哪一项不是炙手可热大有油水的"好事"?哪一项不给主管人员送点什么优惠、提成、劳务费、好处费之类能够办成?梅贻琦手中每年几百万上千万的款项出入,他未曾将其中哪怕一分钱装入自己腰包!

1948年底,北平"解放"前夕,梅贻琦乘飞机离开了他为

【清华医学部】

"北京协和医学院——清华大学医学部"是国内声誉最好、影响力最大、实力最强的医学院,在中国医学教育体系中独树一帜,通过强强合作,清华大学雄厚的基础学科综合优势和优良的学术氛围,与协和在医学领域中强大的科学研究和临床医学实力,将得到充分的发挥,是中国培养医学博士的摇篮,也是优秀学子施展才华的向往之地,是广大有志于投身医学事业的莘莘学子的第一选择。

之呕心沥血数十载的清华园。那一天,吴泽霖教授在校门口碰见他,问他是不是要走。他说:"我一定要走,我走是为了保护清华的基金。假使我不走,这个基金我就没有法子保护起来。"(按照有关规定,清华使用的美国"退还""庚子赔款"基金,只有中国的教育部长和清华大学校长一致同意,才能动用。)离校南下后,他暂时住在上海老友家中。不久即取道香港赴巴黎参加联合国教科文组织会议。会后住在巴黎南郊的一个小镇,同时给在英国伦敦的一个校友拍电报,要他帮忙在伦敦租一间价格低廉的旅馆准备去住一段时间。1949年底,他又飞抵美国,客居于纽约。其时清华基金全部在他掌握之中,他每月却仅仅给自己支薪300元,租住的公寓也小得连一间单独的卧室都没有。有人看不下去,甚至说他是"守财奴",并以"清华基金是'庚子赔款',最好尽快花光,以雪国耻"相劝,他却依旧"我行我素",过自己的俭朴日子。

1955年11月,梅贻琦离开美国到台湾,开始用清华基金筹办"清华原子科学研究所",并在此基础上创办台湾新竹清华大学。

在整个新竹清华的创建过程中,梅贻琦仍是一贯的廉洁和节俭。虽然手中握有巨款,但他的办公室却连一套普通的沙发都舍不得买,只有几把藤椅。他曾这样对人说:"学校有点儿钱,要撙节用在图书、仪器、请教授上,房子要坚固持久,不要好看舒服。"

梅贻琦廉洁、节俭,但并不吝啬。就他自己,他从不因为生活清苦,用积蓄改善生活。相反,他经常从自己工资中支付各种名目的捐助,从创办义务教育到赈难赈灾,从救济困难师生员工到营救被捕学生,每次他都是"身先士卒",有许多事例,至今鲜为人知。早年从清华到城里

清华大学
QING HUA DA XUE

去的路上,常有一些妇女儿童向过往的师生乞讨,梅贻琦每次出门都预备好零钱,从不会让乞讨者失望。他的一个学生林公侠生了重病,经济上陷入困境,他得知后立即汇款救助,并予安慰和勉励:"好好养病,保留此身,将来为国家出力。"梅贻琦去世后,林公侠曾回忆道:"如果当年没有月涵师救济,没钱治病调养,怎能尚生存人

【清华校友】

邓稼先,安徽省怀宁县人,中国杰出的科学家、中国"两弹"元勋。他参加组织和领导中国核武器的研究、设计工作,是中国核武器理论研究工作的奠基者之一;从原子弹、氢弹原理的突破和试验成功及其武器化,到新的核武器的重大原理突破和研制试验,均做出了重大的贡献;作为主要参加者,其成果曾获国家自然科学奖一等奖和国家科技进步奖特等奖。

间,最难得的是一次再次的救助,而且数目庞大。我一家人都感激他的大恩,永远不忘。"

早期清华大学教授的工资相当可观,任职仅数年,即可置买私人小轿车。梅贻琦做了几年校长,却始终没有一点的私蓄。1955年,他到台湾后,把家眷留在美国。他在台湾挣的钱,无法养活远在美国的夫人。

韩咏华女士只好自谋生计,已六十多岁高龄,仍要做工作,先后在衣帽店打过工,在首饰店站过柜台,在医院做过代班,最后还到一家盲童学校照料过盲童,一直工作到66岁。梅贻琦晚年病重住院治疗,逝世后的殡葬开支等费用,都是由校友们捐助的。

1962年5月19日,梅贻琦病逝于台北。在病危期间,有一个加锁的手提包一直放在他的病榻下,谁也不知道装有何物。他去世后,秘书立刻加封,后组织专门人员启封查验,原来全是学校基金的账目,一笔一笔,清清楚楚,毫厘不差。

梅贻琦的去世,清华校友感到无比悲痛,他们纷纷撰写挽联和诗文,捐款修建墓园等以寄托不尽哀思。曾任清华大学工学院院长的华裔美籍著名学者顾毓琇先生的悼诗,表达了众多清华人的心声。诗中这样写道:

没有死亡:青青草原的云雀重复地唱。
清华园荷花池畔的钟声赞赏响应!

整整三十年的春风化雨,桃李成行;

长城的烽火消散,昆明湖依然宁静。

没有死亡:原子炉的临界可以保证。

静听呀,宇宙的神秘像呼吸般轻盈,

在核心破裂中放射出无穷的巨能。

伟大的梅先生,高风长在,英灵永生!

清华小百科

　　2006年清华大学与中国协和医科大学紧密合作,中国协和医科大学更名为"北京协和医学院——清华大学医学部",旨在打造迈向国际一流水准的医学院,北京协和医学院的"临床医学"专业纳入清华大学的普通招生计划。2009年清华大学在理学院生物系的基础上成立了生命科学学院,以崭新的姿态全力迎接生命科学发展的机遇和挑战。

第三章　清华精神

清华精神以源远流长、博大精深的中国传统文化为根基。其集中、简练的表述应当是"自强不息，厚德载物"的校训。它借用古训以凝练的语言表述了清华人基本的宇宙观和人生哲学，是使清华人保持其凝聚力和团结向上的精神力量的重要源泉。

第一课　清华精神的渊源

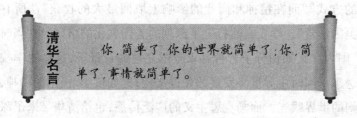

清华名言

　　你，简单了，你的世界就简单了；你，简单了，事情就简单了。

　　什么是大学精神？怎样理解它是一所学校最核心、最宝贵的财富？怎样弘扬与发展大学精神？

　　所谓大学精神，应该是一所大学在其成长过程中长期积淀而成的师生员工共同的理想追求、文化传统和行为准则。

　　大学精神应当是理想与现实的统一。大学人以追求真理、探索未知为己任，因而带有理想主义的特点。同时，大学又肩负着服务与引领社会的责任，要直面种种现实问题，所以大学人又必须是现实主义者。大学精神应当是科学与人文的统一。大学人在为人、治学、从业中应追求真善美的统一，推动社会和自身的和谐、全面、协调发展。大学精神还应当是世界文化与民族文化的统一，它吸纳世界文明的精华，同时又植根于深厚的民族优秀传统文化之沃土。大学精神还体现着共性与个性的统一，历史积淀与时代发展的统一。它应当是和谐的、融合的、不断发展的。大学精神是一所大学的生命力、凝聚力和创造力的源泉，是大学文

梦清华园

【清华办学成果】

清华大学2009年度国际论文被引用3766篇，共计13314次，被网络版《科学引文索引》(SCI)收录的总数为2758篇，被《工程索引》(EI)收录的论文数3431篇，被《科学技术会议录索引》(ISTP)收录的论文1377篇，被《社会科学引文索引》(SSCI)收录的论文数为83篇。

化的核心、支柱和灵魂。它影响着每个大学人的成长过程和人生轨迹，决定着一所大学的发展与影响力。

中国早期建立的一批大学，起到了吸收先进外来文化，整理、继承本国文化传统中的优秀部分，并使二者有机地融合，引领中国走向现代化的作用。清华大学的前身是一所用"庚子赔款"建立的留美预备学校。当时美国的目的是"使用那从知识上与精神上支配中国的领袖的方式""而在精神和商业的影响上取回最大的收获"，"所有办法均照美国学堂"，学校自然打上了深刻的美国文化的烙印。在当时国力孱弱，国内广大知识分子苦苦寻求救国之道的背景下，这样的学校客观上也送来了当时主导世界发展的先进文化，比如科学、民主的精神，再比如开阔的世界眼光。而马克思主义的广泛传播，也给清华带来了深刻的影响。

梅贻琦是清华前身"游美学务处"派出的第一批留美学生,1915年到清华任教,1926年兼任教务长,1931年出任校长,是一位有世界眼光的校长。他在办学上既强调儒家的"明德与新民",要求大学生做好新民工作之准备,学校对社会秩序与民族文化应有所建树;同时又汲取西方通识教育的理念,贯彻"知识博约"与"学术自由"。他广聘名师,包括一批国外的名师到清华讲学。老清华所确立的"中西融会,古今贯通"的学术范式,就是在国际化氛围中形成的。清华国学研究院是研究中国传统的学科机构,但它注重吸取欧美学者研究的"正确精密之方法",要求对于西方文化有"精深之研究",然后"采择适当,融化无碍",在中西融合中创新中华文化,使中国文明昌明于世界。这种学术范式在国学院之后得到长时间的延续与发展,成为清华的办学特色。

同时,清华精神也以源远流长、博大精深的中国传统文化为根基。其集中、简练的表述应当是"自强不息,厚德载物"的校训。它借用古训以凝练的语言表述了清华人基本的宇宙观和人生哲学,是使清华人保持其凝聚力和团结向上的精神力量的重要源泉。

　　清华校训缘起于1914年11月10日,梁启超先生来清华发表以《君子》为题的演说。梁先生以《周易》乾、坤两卦"天行健,君子以自强不息","地势坤,君子以厚德载物"为中心内容,激励清华学子崇德修业,发奋图强,"异日出膺大任","作中流砥柱"。后来"自强不息,厚德载物"便成为清华校训。在《君子》篇中,自强不息是指勉学励志,无论求学治业,都要坚忍刚毅,不屈不挠,见义勇为,不避艰险;不能见利而进,见难而退,要善于克己制胜。厚德载物是指待人接物,宽宏大量,责己严,责人宽。这些内容在今天仍然是合适的。当然,其内涵已有所发展。

清华小百科

　　2009年,清华大学校园总占地面积392.4万平方米,总建筑面积198.1万平方米,为中国大陆高校最大的校园之一。校园绿化率54.8%,拥有树木1152种,其中乔木4.5万株,灌木18.8万株,百岁以上古树240棵。公共教室面积5.3万平方米,教室276间。学生公寓共45万平方米,1.39万间。

第二课　清华精神之爱国奉献

> **清华名言**
>
> 一个人，想要优秀，你就要接受挑战；一个人，你想要尽快优秀，就要去寻找挑战。

清华精神最重要的内涵便是清华与生俱来并不断孕育的爱国奉献精神。

清华诞生时是一所利用美国"退还""庚子赔款"建立的留美预备学校，清华师生将清华学堂看作"国耻纪念碑"。在"五四"运动中，清华国耻纪念会曾立下"清华学生从今以后愿牺牲生命保护中华民国人民土地主权"的誓词。这种对国家、民族的孱弱，列强的欺凌感到痛心疾首而产生出的爱国精神，被老学长们称为"哀兵士气精神"。1931年"九一八"事变后，中国面临民族危亡，老校长梅贻琦在当年12月就职演讲中要求清华师生"紧紧记住国家这种危急的情势，刻刻不忘救国的重责，各人在自己的地位上，尽自己的力"。正是这种对国家的责任感成为清华迅速成为国内名校的重要精神动力。1937年"七七"事变后，清华人与北大、南开师生一起，在极端艰苦的条件下以坚毅刚健的精神把西南联大建成"世界上最好的学校"之一。

【清华办学成果】

2009年，清华大学共发表各类学术著作165部，2010年该校共发表各类学术著作138部。2009年该校共出版人文社会科学类学术著作268部，2010年该校共出版人文社会科学类学术著作261部。

在伟大的中国人民抗日救国斗争中，众多清华师生，前赴后继，甚至不惜献出自己宝贵的生命。

1932届毕业生刘崇诲在上海吴淞口驾机撞向日本海军旗舰，壮烈殉国。法学院学生张甲洲带领东北籍同学打回东北老家，举起了"东北人民抗日义勇军"的大旗，担任总指挥。后出任中国工农红军第三十六军江北独立师师长。他实践了"抗战之时不知有家，临战之时不知有身，金钱地位不动心，飞机大炮不怕死"的誓言，在前线英勇牺牲。

还有许多师生是带着科技知识参加抗战的，比如理学院院长叶企孙组织师生参加冀中军民抗战。叶老师先是让他的助教熊大缜带领几个学生去冀中根据地，组建技术研究社研制炸药、地雷、炮弹等。继而又让化学系毕业生汪德熙化装成牧师辗转到冀中，帮助解决了安全生产问题。这些炸药、地雷在令日寇胆战心惊的"地雷战"中发挥了关键性的作用。叶老师还在天津租界亲自带领师生研制无线电收发报机，让物理系

管理员阎裕昌主持爆破研究。后来熊大缜在冀中军区担任了供给部长,负责研制、生产地雷、控制器等武器。

新中国成立后,肩负建设重任的清华师生一方面为国家巨大的进步所鼓舞,一方面又为国家科学技术的落后而着急。振兴民族的重大责任感和"耻不如人"的压力,激发清华人奋发学习,勇攀科学高峰。一批批清华毕业生,在各自的岗位上做出了骄人的业绩。

在1999年国家表彰的23名"两弹一星"功臣中有14位在清华学习工作过。其中邓稼先和王淦昌是两位杰出代表。邓稼先1941年考入西南联大。1950年8月,邓在美国获得博士学位9天后便毅然回国参加原子核理论的研究。后来他参加"国家的大炮仗"研制,对妻子说:"往后家里的事我就不能管了,我的生命将献给未来的工作了,做好了这件事,我这一生过得就很有意义,就是为它死了也值得!"邓稼先因此拼命工作,多次昏倒在试验场上。他受到强辐射患癌症扩散,临终前留下的话是:"不要让人家把我们落得太远……"

王淦昌是1929年清华大学物理系第一届大学本科毕业生。1961年4月,当领导问他是否愿意参加原子弹研制时,他回答:"我愿以

身许国。"友人知道他在20世纪50年代末曾领导杜布纳高能实验物理组发现了"反西格马负超子",惋惜地说:"王淦昌如果继续在原来的科研领域工作,有可能叩开诺贝尔奖的大门。"对此,王淦昌却认为:"国家的利益高于一切,国家强盛才是我真正的追求。"

物理系1935届校友彭桓武也是"两弹一星"元勋。彭桓武曾在英国爱丁堡大学师从诺贝尔物理学奖获得者玻恩教授,当选为爱尔兰皇家科学院院士。1947年他毅然回到战火纷飞的祖国。他中断的研究工作中有两项由继任的研究者攻克,获得了诺贝尔奖。当有人问他当年为什么要回国时,他不假思索地回答:"回国不需要理由,不回国倒需要说说理由。"

改革开放以来,在清华大学,关注国情,爱国奉献成为广大师生普遍的理念。2005年6月16日,《人民日报》头版发表了温家宝总理就新闻与传播学院学生李强的农村调查报告《乡村八记》给范敬宜院长的信函,指出:"一位二年级的大学生如此关心农村,实属难得。从事新闻事业,我以为最重要的是要有责任心,而责任心之来源在于对国家和人民深切的了解和深深的热爱。只有这样,才能真正做到用心观察、用心思考、用心讲话、用心作文章。"李强自己的体会是,"在清华有一种关注国情的传统,无论课上还是课下,甚至BBS上,教室的宣传栏上,随处都可以见到有关中国国情的探讨,这使我深刻地体会到清华的氛围对于塑造一个学生有多么大的作用。"

【清华学术会议】

学校通过举办高水平的国际及双边学术会议,使全校师生了解国际前沿学术信息和最新学术成果,促进学科建设和发展,积极推进高层次学术研究领域的国际交流与合作。学校召开的国际会议越来越呈现出数量多、级别高、领域广、促进后续合作的特点。

进入新时期,结合"爱国、成才、奉献"的传统精神,学校开展"我的事业在中国"主题教育,许多毕业生争先恐后地到社会主义建设的主战场去建功立业。航天航空学院学生谷振丰,本科四年学习成绩一直居全班第一,高年级还担任政治辅导员,因品学兼优获得学校最高级别的"特等奖学金",毕业时毅然选择酒泉卫星发射中心，"选择了荒凉的大漠和神圣的航天事业"，他说："对于当代大学生来说，应该有抱负，要担当重任，这是清华教会我的！"

关注时代大势，肩负民族期望，历史的传统加上学校的教育，使得清华成为一座爱国主义的大熔炉。

清华小百科

清华大学学生文化活动中心面积四千多平方米，设有音乐、美术及舞蹈教室，展览厅、报告厅、表演厅，以及四十多间琴房，各种文艺社团都在此活动。综合体育中心面积约 12600 平方米，可容纳约五千名观众，用于体育比赛、大型演出、集会和体育课，并为学校体育代表队的训练和学生日常锻炼提供场所。

第三课　清华精神之严谨求实

> **清华名言**
>
> 我们只有忍受别人无法忍受的痛苦,才能走在一切竞争者的前面。即使饱经拂逆,也仍不忘面带微笑。

实事求是、严谨求实、注重实干是科学精神的重要内涵,也是清华精神的突出特色,在清华"行胜于言"的校风、"严谨、勤奋、求实、创新"的学风中都有突出的体现。

汲取西方的科学实证方法,使得清华大学在教学与研究方面凸显严谨性。"两弹一星"功臣王希季对母校老师严谨的治学态度印象深刻。记得一次由于他没有注意刘仙洲先生准确到小数点后第三位的要求,解题过程都对,刘先生还是给了零分。此教训使他终生难忘:做一件事情必须把目标要求考虑得非常清楚。有人后来开玩笑地说:"没有昨天的零蛋,哪来今天的导弹?"

一位在清华听了葛兆光教授六年课的历史系博士生对葛老师讲课"拿猫当

> **【清华学术会议】**
>
> 根据清华大学官网资料显示:学校每年召开国际(双边)学术会议近80个,会议参会总人数近万人次,其中境外代表近5000人次。一大批水平高、规模大、影响广的重大国际会议先后在清华召开。

虎斗"的认真劲很有感触。他说,葛老师有的课已讲得很熟了,而且常常面对非本专业的学生,但他的准备仍是最专业的,讲义"改得花花绿绿,还要贴上一些签条"。而他"对学生的要求,绝对是传统的严师,学生的成绩少能过90分,规定期限不交作业无特殊原因就要吃鸭蛋"。

清华重实干的传统一方面体现了传统文化倡导的"躬行"精神,在一定程度上也是接受了美国主流思潮的影响。与早期国内其他大学相比,清华尤其重视以实证为基础的实干,即使是文科也是如此。中文系老主任朱自清先生就说:"清华的精神是实干。"这种传统在老学长、社会学家费孝通治学的经历中也是十分典型的。费孝通以"不入虎穴,焉得虎子"的精神,掌握了大量第一手材料,写出了《江村经济》《乡土中国》等社会学的传世之作,为此付出了沉重的代价。1935年他从清华研究院毕业后,与新婚妻子王同惠到大瑶山考察,在返途中他误入瑶人设的"虎阱",王同惠找人求援时堕入山涧,献出了年轻的生命。

新中国成立后,清华被改造成为一所工科大学,实干的传统增加了工科的操作性特点。

从清华走出去的一届届毕业生,无论在什么岗位上,都是凭实干精神从基层干起的。在"神舟五号"清华群英中有9位总指挥、副总指挥或院长,都是出色的实干家。其中1986届毕业生、39岁出任中国运载火箭技术研究院院长的吴燕生,就是从普通设计员做起的。他认定了一个道理,一个人只有把一件事情做好,才能被安排做第二件事情;只有做好每件小事,才能成就大事。

实事求是也是学校领导的传统作风。在清华担任校长17年的梅贻琦先生,以"科学家的眼光和态度",强调理性和纪律,主张以事实为出发点来办学;注重求实研究的风气,倡导"沉潜治学、朴实无华、不尚标榜、不尚宣传、诚诚恳恳、实实在在的研究科学";加上自身有着"寡言慎行,言必信,行必果"的风格,他这一任期对清华形成严谨求实的传统有着深远的影响。

在院系调整后的1952年11月,原来清华中文系学生,"一二·九"运动的领导者蒋南翔回到母校出任校长。他虽然已无法改变清华改为工科大学的局面,但他一面以大学是文化中心,不能只有现有专业的书籍为由"扣留"了30万册文科图书,一面力拒苏联专家把清华办成水土电专门学院的主张,从中国与清华的实际出发,提出创建新技术专业,理工结合发展应用理科的意见。他尊重苏联专家的正确意见,加强了教学实践环节,还倡导开展"真刀真枪毕业设计"。这些都有益于学生面向实际、勇于实践。在学校工作中,他经常宣讲"基层出政策"的道理,依据清华的实际决定工作方针。他主张继承老清华的好传统;对于学苏联,则强调要学习先进的东西,但不能照搬,同时还要学习英美有用的东西。在"文革"前夕面对极"左"思潮,他提出要把清华园的"围墙"筑得再高一些,要开"万人顶风船"。蒋南翔担任校长14年,对清华形成良好的实事求是校风起了重要作用。

这种求实的传统在一代代清华学子中得到传承。1980年3月,清华学子提出口号"从我做起,从现在做起"不仅在校内产生了深远的影响,而且在社会上得到了广泛的认同。在新的历史时期,学校把实事求是的作风表述为:不唯书、不唯上、不唯他、不唯洋,只唯实,一切从实际出发,按照客观规律办事。相信有更多的清华人,会成为新一代的社会主义事业的实干家。

清华小百科

　　清华大学游泳馆面积约 9700 平方米,具备国际标准长度泳道和标准高度的跳台、跳板及陆上训练场地,是一所符合国际标准的比赛场馆。2009 年 11 月,清华大学新射击馆"维学馆"落成启用。新射击馆坐落在东大操场东侧,与东体育馆共同组成东操场的东、西看台。新射击馆建筑面积 10700 多平方米,建有 10 米靶 56 个,25 米靶两组,50 米靶 10 个。

第四课　清华精神之卓越求新

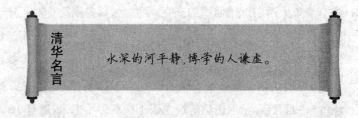

清华名言

水深的河平静,博学的人谦虚。

勇于求新

在清华大礼堂的南墙上方悬挂着一个匾额:"人文日新"。这是清华的校箴,体现了清华人的勇于求新、不断求新的精神。

"人文日新"可以理解为三层意思:其一是自身的文明要与日俱新;其二是通过自身的人文过程促进学术与事业的发展和学校的建设;其三是要肩负起化民成俗,改造社会,建设国家的责任。"人文日新"的着眼点在于"新",在清华长期的教育实践中,总是贯穿着对求新、创新的追求。清华国学院所遵循的"古今贯通,中西融会"的学术范式、王国维的"历史新证"就是一种治学上的创新;20世纪三四十年代以朱自清为主任的中文系率先把新文学纳入教学轨道,则是一种教育上的求新。这种求新精神在当今建设创新型社会的过程中显得尤为重要。

全国教育系统劳动模范、清华首届突出贡献奖获得者黄克智院士是求新创新的典范。黄老师50岁研究断裂力学,60岁探索智能材料力学,70岁开拓应变梯度塑性理论,在75岁之后,开始纳米力学的研究。如今,他年近八旬仍然每天凌晨4时起身开始探索性工作。这种求新、创新的精神在清华人身上不断传承发扬。1982届毕业生、水利部水资源研究所所长、年轻的工程院院士王浩对此的体会是:"回顾20年的成长经历,使我最富有成就感的可以用两个字概括,那就是'创新'。一个人要取得成功,必须坚持服务祖国、服务人民,在求实的基础上创新。"

追求卓越

"跳起来摘果子"正是对清华人向世界一流目标奋进的生动写照。建设世界一流大学便是清华师生追求卓越精神的集中体现。

清华在改为大学后一直坚持高标准。首任大学校长罗家伦坚持教育独立和学术的高标准。他把外聘名师作为"大学校长第一个责任"。为了提高清华的教授水准,在原来55名教授中只发了18份聘书,同时把一大批学有专长的名教授请进学校,强化了追求高标准的氛围。在老清华"Do Your Best"(尽你所能)的口号深入人心。

自我激励,追求卓越的心态在清华是很普遍的。朱自清先生是一位追求卓越的典范。他在1942年的著作《论自己》中说:"看得远,想得开,把得稳,自己是世界的一环,别脱了节才真算好……随时随地尽自己的一份力往最好里做去。"后来在病重时体重不到39公斤的境况下,他仍然坚持讲学、坚持读书,还制订了"每天轮流看一本英文书和中文书,利用休息时间读诗的计划",做到了生命不息,耕耘不止。正是由于这种精神,他的人品和学问都受到广泛的赞誉。

吴良镛院士在《与研究生谈治学》一文中讲的第一条就是要高标准要求,强调"取法乎上,仅得乎中"。许多新人初到清华工作时,也常常受到这种追求卓越的精神力量的推动。一位新调来的教授曾说,与清华人接触,第一个感觉就是老师、学生心气都很高。大家都以世界一流的名校作为参照系,做起事来便给自己加了压力,都特别能吃苦耐劳。

曾经自主设计制造出核试验反应堆的清华核能技术设计研究院的师生,继1989年研制成功公认性能世界最好的5兆瓦低温供热堆这一"核供热堆技术和解决环境污染的一个重要里程碑"后,2000年又研制成功具有世界领先水平的高温气冷堆。主持此项工作的王大中院士说:"搞科学研究,就是要鼓励大家跳起来摘果子。因为伸手能摘到的果子早就让人家摘走了。"

清华大学从建立初期就是中国的人文重镇,清华大学百年历史中,既有"老文科",也有"新文科"。历史上,从蜚声中外的清华国学研究院开始,清华园里大师云集,贤人辈出。

第五课　清华精神之团队精神

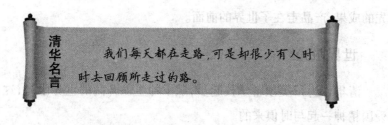

清华名言

　　我们每天都在走路,可是却很少有人时时去回顾所走过的路。

　　清华人强烈地意识到要强国强校,做出一流成果,靠个人的力量是不够的。清华历史上,一次次爱国学生运动,西南联大的艰苦卓绝的奋斗,甚至勇夺金牌的文体活动都培育了团队精神。

　　许多毕业生对此都有深刻的体会。现任团中央常务书记的杨岳校友说:"清华告诉我们'一根筷子和一捆筷子'的道理,绝不能成为孤家寡人,要学会团结大家一起干,团结才能成就大事业。我本人至今仍然记得1963年我毕业时蒋南翔校长对应届毕业生说:'我们的事业,是集体主义的事业,任何工作都要靠同志们的团结和密切合作。骄傲自满,就会妨碍这种团结和合作。我们的同学热爱清华,这是好的。但是不要有优越感而盛气凌人。'"

　　现在,随着科学的发展,解决重大问

【清华论坛】
　　论坛主题覆盖广泛的学术领域,包括科技、经济、文化、生态等方面关乎中国与世界发展的重大问题。清华论坛2005年10月举办第一讲,截至2011年12月31日共举办四十二讲。

题要靠不同学科的联合攻关。这更要提倡协同合作,团队精神。黄克智院士一直强调"要群芳争艳,不要一枝独秀"。在他的带领下,固体力学学科点成长为一支团结向上的梯队,整体达到国际先进水平。他们获得了国家级高水平博士规模培养和学科建设特等奖;连续两次获国家自然科学基金创新群体奖励和自然科学二等奖、三等奖等多项奖励。全国百篇优秀博士论文中力学学科有12篇,他们占据了半壁江山。同方威视集装箱探测技术走向世界,并占领了多一半世界市场,也是经历了几代人的团结奋斗。从1955年蒋校长推动创建工程物理专业,奠定最初的学术基础,到"八五"获得重大攻关成果奖,再到1997年开始进行成果转化,终以领先的成果、产品走在了世界的前面。

世界眼光

清华作为留美预备学校起步,赋予师生以开阔的世界眼光,这是与爱国精神一起与时俱来的。

世界的眼光并非崇洋媚外,一切按发达国家的去做。梅贻琦先生1927年身为教务长对留美学生临别赠言,劝勉学生用科学的态度对待留学,指出:"这科学的态度应有以下几种成分:第一要不抱成见;第二要探究事实;第三要根据事实,推求真理;第四要对于真理忠诚信守。""最后劝诸君在外国的时候,不要忘记祖国;在新奇的社会里面,不要忘了自己;在求学遇着疑难问题的时候,务要保持科学的态度,研求真理。"这段话,至今仍不过时。

蒋南翔1955年率高等教育考察团访苏,回来后大力推动在清华设置核物理、自动控制、电子信息技术、计算机等一批新专业,创办工程力学和自动控制研究班,为我国科学技术特别是核能与航天事业的发展输送了大批生力军,并为清华大学跟上时代步伐奠定了重要基础。

今天,清华人有着更明确的目标,即为了民族的伟大复兴和人类社会的进步,努力建设世界一流大学,培养一流人才,以高尚的道德风貌与精神境界去主动承担历史的重任。

【清华论坛】

2009年10月17日,首届清华大学中国与世界经济论坛成功举办。论坛的主题是"后危机时代的中国与世界经济新格局",讨论的内容主要涉及后金融危机时代的国际货币体系演变、金融监管体制改革、贸易保护主义倾向和应对全球气候变暖策略等。

20世纪90年代,著名的社会学家费孝通先生提出了"文化自觉"这个命题,指出一个国家、一个民族应当对生活其中的文化要有"自知之明",明白它的来历、形成的过程,所具有的特色和它发展的趋向,以取得适应新环境、新时代文化选择的自主地位。大学是文化传承和创新的基地,更应当自觉肩负起继承发扬和传播先进文化的历史使命。为此,我们应当重视大学文化,特别是大学精神的作用。我们要提高文化选择的自觉性,并且自觉肩负起在校园精神文化建设与国家精神文化建设中的历史责任。

清华小百科

清华大学兴建的主要项目有射击馆、新清华学堂(清华百年学堂)、音乐厅、校史馆、艺术/博物馆、人文社科图书馆、图书馆四期扩建工程等,这些项目在2011年百年校庆前全部竣工,并投入使用。

第六课 清华精神之实干

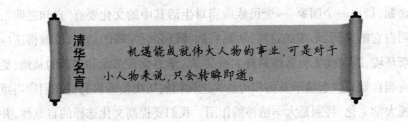

清华名言 机遇能成就伟大人物的事业,可是对于小人物来说,只会转瞬即逝。

　　著名文学家、诗人朱自清的散文名篇《背影》《荷塘月色》等被选为教材,广为流传。毛泽东同志曾热烈赞扬朱自清"宁可饿死,不领美国'救济粮'"的高尚气节。同时也是教育家、学者的朱自清,对人对己都严格要求,脚踏实地,不断进取,至诚至善。他认为:清华的精神就是实干。

要使生活每一刹那有意义

　　朱自清(1898—1948),原名自华,字佩弦。1916年于两淮中学毕业,考入北京大学预科。因家庭变故,为节省费用,1917年改名自清考入北大哲学系。他刻苦攻读,3年内修完学分,1920年5月提前毕业,获文学学士学位。毕业后历任江浙一带几所学校的国文教员。1925年秋到清华学校大学部任教授。从1932年9月起,长期担任中文系主任,直至1948年8月逝世。

在北大读书期间，朱自清受到"五四"精神的影响，开始文学创作，参加《新潮》学社。他性格平和中正，从来不用猛烈刺激的言辞，近乎少年老成，"他一生的学问事业也奠基在这种性格"，最终形成了朱自清脚踏实地、务实求真的实干作风。

到中学教书后，针对当时某些人只知享乐、自甘颓废，朱自清写道："我深感时日匆匆可惜，自觉从前的错误

【清华论坛】

2010年4月3日，首届清华大学国际安全论坛举办，主题为"建立不使用核武器的世界"，论坛发布了题为《建设不使用核武器的世界》的研究报告。6月19日举办第二届，主题为"金融安全与东亚合作"，发布《构建A3货币联盟》研究报告，探讨A3货币联盟可行性、人民币国际化路径选择与面临的困难、人民币升值压力、中国金融改革难点等议题。

与失败，全在只知远处、大处，却忽略了近处、小处，时时只是做预备的工夫，时时却不曾作正经的工夫……所以我第一要使生活的各个过程都有它独立之意义和价值。每一刹那有每一刹那的意义和价值！"

正如他在长诗《毁灭》中所述："从此我不再仰眼看青天，不再低头看白水，只谨慎着我双双的脚步；我要一步步踏在泥土上，打上深深的脚印！……别耽搁吧，走！走！走！"未来要靠自己去创造，要脚踏实地走好自己的每一步，一步一个脚印，这就是朱自清的实干精神。

尽自己的力量做到最好

进入清华后，朱自清剖析清华精神的本色就是实干，这与清华"行胜于言"的校风完全一致。他在清华执教的二十多年中，殚精竭虑地践行着自己心中的清华精神。他不断拓展自己的研究领域，汉字、汉语语法、经史子集、诗文、小说、歌谣以及外国历史文学，无不涉猎研究，"注意新旧文学与中外文学的融合"，并把研究的最新成果应用到教学

上。他先后讲授课程有"国文""中国新文学研究""新文艺思潮""中国文学批评""古今诗选"等。

据其家人回忆，为了教好古诗词，朱自清下苦功夫把大量诗词背下来，连每天早上如厕也要求自己背会一两首；而且还下"笨工夫"，拜一位老先生为师，从逐句换字的拟古做起，学习写作旧体诗词。他认为只有这样，才能真正体会其中的况味，才能讲好课，教好学生。他讲课以认真严格、一丝不苟而闻名。据季镇淮回忆，他上朱自清的"文辞研究"课，班上只有两人听课，但朱自清仍如平常一样讲授，不仅从不缺课，而且照样做报告和考试。

朱自清在《论自己》文中提到："穷有穷干，苦有苦干；世界那么大，凭自己的身手，哪儿就打不开一条路？""力量不够的，'人一能之，己百之；人十能之，己千之'。"要做到"相信自己，靠自己，随时随地尽自己的一份力往最好里做去"。充分诠释了这种实干加苦干的精神。

在经历了抗战血与火的磨难洗礼后，虽然身体健康状况每况愈下，朱自清仍不仅在教学科研工作中体现其务实求真的实干精神，更投身到如火如荼反内战的民主运动中。1947年2月，朱自清与清华、北大教授共13人联名签署宣言，抗议国民党政府肆意搜捕人民、无视人权的暴行，呼吁保障人权；5月，他分别在平津八院校教职员的"呼吁和平宣言"和清华、北大教授《为反内战运动告学生与政府书》上签字；10月，朱自清与清华、北大和燕京的48位教授联名发表《我们对于政府压迫民盟的看法》的抗议宣言。

1948年6月，为反对美国政府的扶日政策，表示中国人民的尊严和气节，朱自清在拒绝"美援"和"美援面粉"的声明上签名。虽然明知道此举对自己的家庭影响甚大，但他毫不迟疑。他认为"此虽只为精神上之抗议，但决不应

【清华论坛】

2010年4月，首届清华大学社会发展论坛举办，发布题为《以利益表达制度化实现社会的长治久安》的研究报告，指出我们实际上已经陷入"维稳的怪圈"；该研究报告希望维稳只是实现经济社会快速发展的手段，而经济社会发展的目的则是让人民生活得更加幸福、更有尊严，让社会更加公正、更加和谐。

逃避个人责任"。而当时,严重的胃病已经把他折磨得极度衰弱,形销骨立,体重也只有38公斤,急需营养,一个多月后他就在贫病交加中去世。去世前两天,病情恶化,但他神智还清楚,叮嘱家人他已签名拒绝美援,不要买政府的配售面粉。毛泽东高度赞扬了朱自清"宁可饿死,不领美国的'救济粮'"的民族气节。

在清华二十余年执教生涯中,朱自清先生这种脚踏实地的、求真实干的清华精神,贯穿始终。这种实干精神也始终在清华学子中代代传承。

清华小百科

2010 年,清华大学图书馆的馆藏总量约有 396 万册(件),形成了以自然科学和工程技术科学文献为主体,兼有人文、社会科学及管理科学文献等多种类型、多种载体的综合性馆藏体系。

第七课 清华名人榜——国学大师王国维

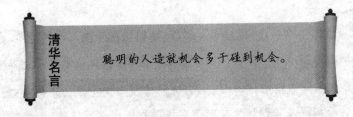

清华名言

聪明的人造就机会多于碰到机会。

梁启超、陈寅恪、王国维、赵元任四大清华国学导师,都是我国近代最杰出的学者。清华大学老校长梅贻琦曾说:"所谓大学者,非谓有大楼之谓也,有大师之谓也。"当年,清华国学研究院正是由于拥有他们,创办两年后,其声望就超过了早于它创立的同类学校,并且,清华国学院由此开始,建立了中国学术独立的传统。

王国维

王国维(1877~1927),字静安,号观堂,浙江海宁人,杰出的古文字、古器物、古史地学家,诗人、文艺理论家、哲学家,是我国近代享有国际盛誉的著名学者。他中过秀才，早年学习英、日文，研究哲学、文学，受到德国资产阶级唯心主义哲学和文艺思想的影响，其成果在我国近代文化学术事业上具有一定的贡献。

王国维的学术著作，以史学为最多，文学为最深，文字学为最基本，并涉及其他许多方面。换言之，其殷周制度史、宋元戏曲史、古文字学等方面的成就，都是空前的，超过了同时代学者。

他世代清寒，幼年苦读，为秀才。早年屡应乡试不中，遂于戊戌风气变化之际弃绝科举。22岁起，他至上海《时务报》馆充书记校对。利用工余，他到罗振玉办的"东文学社"研习外交与西方近代科学，结识主持人罗振玉，并在罗振玉资助下于1901年赴日本留学。1902年王国维因病从日本归国。1903年起，任通州、苏州等地师范学堂教习，讲授哲学、心理学、逻辑学，著有《静安文集》。1906年随罗振玉入京，任清政府学部总务司行走、图书馆编译、名词馆协韵等。其间，著《人间词话》《宋元戏曲史》等名著。重视小说戏曲在文学上的地位，开创了研究戏曲史的风气，对当时文艺界颇有影响。

1911年辛亥革命后，王国维携生平著述62种，随儿女亲家罗振玉定居日本京都，从此，以前清遗民处世。其时，在学术上穷究于甲骨文、金文、汉简等研究。1913年起转治经史之学，专攻古文字学、古器物学、古史地学，先后致力于历代古器物、甲骨金文、齐鲁封泥、汉魏碑刻、汉晋简牍、敦煌唐写经、西北地理、殷周秦汉古史和蒙古史等等的考释研究，还做了很多古籍的校勘注疏工作。1916年，应上海著名犹太富商哈同之聘，返沪任仓圣明智大学教授，并继续从事甲骨文、考古学研究。1922年受聘北京大学国学门通讯导师。翌年，由蒙古贵族、大学士升允举荐，与罗振玉、杨宗羲、袁励准等应召任清逊帝溥仪"南书房行走"，俸禄五品。

1924，冯玉祥发动"北京政变"，驱逐溥仪出宫。王国维引为奇耻大辱，愤而与罗振玉等前清遗老相约投金水河殉清，因阻于家人而未果。1925年，王国维受聘任清华研究院导师，教授古史新证、尚书、说文等，他治史严谨，考证精湛，信而有征，不囿成见，主张以地下史料参订文献史料，多能发前人所未发，对史学界有开一代学风的影响，1925年任清华研究院教授，与梁启超、陈寅恪、赵元任并称清华四大导师"教授的教授"。他桃李门生、私淑弟子遍充几代中国史学界。1927年6月，国民革命军北上时，王国维留下"经此世变，义地再辱"的遗书，投颐和园昆明湖自尽，给中国知识界留下了深深的战栗和遗憾，也留下了难解之谜。

王国维治学三境界

王国维在《人间词话》里谈到了治学经验，他说："古今之成大事业、大学问者，必经过三种之境界：'昨夜西风凋碧树，独上高楼，望尽天涯路。'此第一境也。'衣带渐宽终不悔，为伊消得人憔悴。'此第二境也。'众里寻他千百度，蓦然回首，那人正在，灯火阑珊处。'此第三境也。"

在《文学小言》一文中，王国维又把这三境界说成"三种之阶级"。并说："未有不阅第一第二阶级而能遽跻第三阶级者，文学亦然，此有文学上之天才者，所以又需莫大之修养也。"王国维所引词句第一为晏殊《蝶恋花》，第二为欧阳修《蝶恋花》，第三为辛弃疾《青玉案·元夕》。

王国维与国学

郭沫若说："王国维的甲骨文字的研究，殷周金文的研究，汉晋竹简和封泥的研究，是划时代的工作。西北地理和蒙古史料的研究，也有惊人的成绩。他很有科学头脑，做学问实事求是，不为成见所囿，能发前人所未发，言腐儒所不敢言。"郭沫若又说："王国维先生的《宋元戏剧史》和鲁迅先生的《中国小说史略》，毫无疑问，是中国文艺史研究上的双璧，不仅是拓荒的工作，前无古人，而且是权威的成就，一直领导着百万后学。"

俞平伯说："王国维《人间词话》，标举境界，持平入妙，铢两悉称，良无间然。"王国维的甲骨文研究成果，纠正了《史记》的许多错误，前无古人，后无来者，所以郭沫若称之为"划时代的工作"。

自沉昆明湖

1927年，正值国共合作的北伐战争开始不久，北洋系统的冯玉祥、阎锡山先后易帜。北洋政府分崩离析，京畿之地草木皆兵。此时，王国维任教的清华校园也失去往日宁静。其实，王国维虽然日常言行无异常，但言及时局，辄神色黯然，有"避乱移居之思"。而当时，他的知音罗振玉已携眷东渡，好朋友梁启超也正在津门养病。生性孤僻的王国维与他人少有交往，唯与清华研究院主任吴宓过从颇密。

6月2日，王国维像往常一样，吃完早饭便去了研究院。到校后，他先记起自己忘了把学生们的成绩册带到办公室，于是就让研究院的工友去家中取。此后他遇到研究院办公室秘书侯厚培，便与侯聊起下学期招生安排的话题，他谈了许多自己的设想和建议，过了许久才与侯分手。临别时，王国维向侯厚培提出借三元大洋，但侯厚培正好未带现洋，只能借给他五元钱一张的纸币。王国维从没有带钱的习惯，这是众所周知的，所以大家对此并不以为怪，也就没有人询问他干什么去。王国维拿了钱走出校门，叫了一辆由清华大学组织编号为35的人力车，径直要车夫将他拉往离清华园不远的颐和园。

到颐和园时,大约是上午10点左右。王国维给了车钱,并嘱车夫在园门口等候,便径直走进颐和园。初夏时节,颐和园青山绿水,郁郁葱葱。不过临近中午,园内游人稀少。王国维来到排云殿西面的鱼藻轩驻足许久。这时,他点燃一支纸烟,慢慢地抽完后掐灭了烟头,便从鱼藻轩的石阶上猛然纵身跃入湖中,此时大约11时左右。当时有一园工正距王国维投水处不远,听到落水声后,急忙跑来解救,捞出来后约一二分钟的时间,王国维就断气了。尽管鱼藻轩前的湖水深不过二尺,但湖底满是松软的淤泥,王国维自沉时头先入水,以致口鼻都被泥土塞住,闻声而来的园工们又不懂急救之法,王国维最终因窒息而死。当园工们将王国维从水中救出时,他的内衣还未湿透。一代国学大师就这样匆匆离去。

今天,关于王国维遗书的函封已不知何往,遗书原件却完好地保留下来,被裱入一个四开对折纸版内,珍藏在国家图书馆善本地库里。另有两个相同纸版,一个上面裱有罗振玉的题款:"海宁王忠悫公遗墨,后公完大节后逾月。上虞罗振玉署",并钤"罗印振玉"方章;另一为白折,当备题咏之用。

　　王国维去世后，人们将王国维遗体移送到园西北角门外旧内廷太监下处三间小屋中入殓。当天傍晚7时，王国维的灵柩被送到清华园南部的刚秉庙停灵。这一天到场送行的除王国维家属和清华研究院的学生外，还有清华的教授吴宓、陈寅恪、梅贻琦、陈达，北京大学的马衡教授，燕京大学的容庚教授以及梁漱溟等人。

　　一代大师的自沉之举震惊了清华园，更震动了学术界，人们无不为失去这样一位卓有建树的国学大师而感到痛惜。王国维自尽的当日，梁启超已离开了清华大学，得到噩耗后又奔回清华，亲自参与料理其后事，并为王国维抚恤金一事向学校、外交部力争。他对王国维之死悲叹至极，并对自己的女儿说，王国维"治学方法，极新极密，今年仅51岁，若再延10年，为中国学界发明，当不可限量"。当时的青年学者顾颉刚感慨地把王国维的死和同年3月康有为的去世相比较，他说："康长素先生逝世，我淡然置之。我在学问上受他的影响不亚于静安先生，我既是佩服他，为什么对于他的死倒不觉得悲伤呢？因为他的学问只起了一个头，没有继续加工。所以学术界上的康有为，36岁就死了。至于静安先生，却和康氏不同，他是一天比一天进步的。他的大贡献都在35岁以后，到近数年愈做愈邃密了，别人禁不住环境的压迫和诱惑，一齐变了节，唯独他还是不厌不倦地工作，成为中国学术界中唯一的重镇。今年他只有51岁，假如他能有康氏般的寿命，他的造就真不知道可以多么高。"

　　王国维自沉昆明湖后的第5天，他生前最敬重的良师益友、儿女亲家罗振玉得知了噩耗。于是，从天津急忙来到北京清华园进行吊唁。同时，他还带来了末代皇帝溥仪的一道"诏

【清华校友】

　　李政道，1944年至1946年先后就读于浙江大学、西南联合大学，2006年任北京大学高能物理研究中心主任。为美国艺术和科学院院士、美国国家科学院院士、意大利林琴科学院院士和中国台湾"中央研"院士。曾获诺贝尔物理学奖、爱因斯坦科学奖、法国国立学院布德埃奖章、伽利略－伽利莱奖章、意大利共和国最高骑士勋章等。

书"。

正是由于有了溥仪的这道"诏书",使王国维之死顺理成章地被认为是"殉清"。特别是在这道"诏书"中,溥仪所提到王国维临终前的"遗章",也就是后来罗振玉出示的所谓王国维的"遗折",更加铁证如山,让人百口莫辩。然而,后来证明,王国维的"遗折"是伪造的,罗振玉得知王国维自沉昆明湖后,唆使其子模仿王国维的笔迹,以凄楚哀怨的语气伪造了所谓王国维的"遗折",以致感动溥仪下了那道"诏书"。后来,溥仪在他的那本自传《我的前半生》中,揭露了这件事情的真相。他说:"王国维死后,社会上曾有一种关于国学大师殉清的传说,这其实是罗振玉做出的文章。而我在不知不觉中,成了这篇文章的合作者。"

王国维自杀后,人们在北京下斜街全浙会馆为他举行了悼祭大会。当时,人们纷纷送上挽联,表达自己对死者的哀悼之情。梁启超在挽联中特别推崇王国维的学术研究,尤其提到了王国维在甲

骨文研究中所做出的突出成就,他写道:"其学以通方知类为宗,不仅奇字译鞮创通龟契;一死明行已有耻之义,莫将凡情恩怨,猜拟鹓雏。"陈寅恪的挽诗有着更深一层的感情:"敢将私谊哭斯人,文化神州丧一身。越甲未应公独耻,湘累宁与俗同尘。我侪所学关天意,并世相知妒道真。赢得大清干净水,年年呜咽说灵均。"吴宓则在挽联中表达了自己对王国维自沉的看法:"离宫犹是前朝,主辱臣忧,汨罗异代沉屈子;浩劫正逢此日,人亡国瘁,海宇同声哭郑君。"

此外,当时北京的《国学月报》《国学论丛》以及天津《大公报》等各地报刊也先后刊出《王静安先生专号》《王静安先生纪念号》《王静安先生逝世周年纪念》等专辑,以示纪念。王国维的死在海外学术界同样引起了震惊,日本学者在大阪市召开王国维先生追忆会,王国维的日本友人、学者纷纷到会追忆或著文写诗凭吊。1927年日文杂志《艺文》的8、9两期全部用来追忆王国维的学术工作。法国学者伯希和也写有多篇文章,向读者介绍王国维的成就。他曾经撰文说:"作为王国维的老朋友,我经常提到他的名字,并很多次引用他如此广博而丰富的成果,现代中国从未产生过走得这般前面又涉猎如此丰富的博学者。"由此可见,王国维以他那巨大的学术成就赢得了人们的普遍尊敬。

王国维自杀后,清朝遗老们也震动不已,溥仪赏两千元为其丧葬费,又赐谥号曰"忠悫"。当时的一些清朝遗老甚至把王国维比作屈原怀忠而自沉汨罗。《清史稿》还为他立了个"忠义传"。

主要成就

作为中国近代著名学者,王国维从事文史哲学数十载,是近代中国最早运用西方哲学、美学、文学观点和方法剖析评论中国古典文学的开风气者,又是中国史学史上将历史学与考古学相结合的开创者,确立了较系统的近代标准和方法。这位集史学家、文学家、美学家、考古学家、词学家、金石学家和翻译理论家于一身的学者,生平著述62种,批校的古

籍逾200种,被誉为"中国近三百年来学术的结束人,最近80年来学术的开创者"。梁启超赞其"不独为中国所有而为全世界之所有之学人",而郭沫若先生则评价他"留给我们的是他知识的产物,那好像一座崔巍的楼阁,在几千年的旧学城垒上,灿然放出了一段异样的光辉"。

清华小百科

　　清华从建立初期就是中国的人文重镇。清华百年的历史中,既有"老文科",也有"新文化"。历史上,从蜚声中外的清华国学研究院开始,清华园里大师云集,贤人辈出。清华学人以"古今融会、中西贯通"为指导思想,创造了一个影响整个时代的"清华学派"。

第四章　清华课堂育英才

　　清华大学多个院系均实现了人才培养与国际接轨,在多门课程上采用英语教学或双语教学,使用国外原版教材,与世界名校共同组织课程、联合培养等,这些重要措施旨在为学生拓宽国际化的视野。清华为每一位学生提供了全面而具有个性化的教育。

第一课 "钟情于书"的清华才子

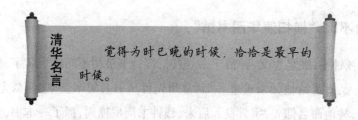

> 清华名言 　觉得为时已晚的时候，恰恰是最早的时候。

钱钟书(1910～1998)，原名仰先，字哲良，后改名钟书，字默存，号槐聚，江苏无锡人，中国现代著名作家、文学研究家。

1923年考入美国圣公会办的苏州桃坞中学。

1929年考入清华大学外文系。

1933～1935年，在上海光华大学任外文系讲师。

1935年考取英国庚子赔款公费留学生，赴英国牛津大学埃克塞特学院英文系学习。

1937年从牛津大学英文系毕业，获得副博士学位。同年，入法国巴黎大学进修。

1938年，被清华大学破例聘为教授。

1939年转赴国立蓝田师范学院任英文系主任。

1941年，珍珠港事件爆发，被困上海，任教于震旦女子文理学校。

1944～1946年写作《围城》。抗战结束后，任上海暨南大学外文系教

【清华学术期刊】

《清华大学学报》:《清华大学学报（自然科学版）》《Tsinghua Science and Technology》《清华大学学报(哲学社会科学版)》。《世界建筑》:国家一级杂志和建筑科学类核心期刊。《装饰》:国内艺术设计类唯一的核心期刊。

授兼南京中央图书馆英文馆刊《书林季刊》编辑。

1949年,回到清华大学任教。

1949~1953年,任清华大学外文系教授,并负责外文研究所事宜。

1979年参加中国社会科学院代表团赴美国访问。1982年起担任中国社科院副院长、院特邀顾问。

1998年12月19日,因病在北京逝世,享年88岁。

狂放不羁,"横扫清华图书馆"

钱钟书,顾名思义,钟情于书。据说,钱钟书最初不叫这个名字,他出生那天,有人给他父亲送来一部《常州先哲丛书》,父亲就取"仰慕先哲"之义,替他命名仰先,字哲良。后来,钱钟书周岁抓周,抓了一本书,父亲便为他正式取名"钟书"。此后,钱钟书就与书结下了不解之缘。从初出茅庐时的"横扫清华图书馆",到后来学贯中西、博古通今,钱钟书一生嗜书如命。

钱钟书出生于诗书世家,自幼受传统经史教育,13岁进入美国圣公会办的苏州桃坞中学学习,接受西式教育。中西合璧的教育方式为他后来贯通中西、古今互见的治学方法打下了良好的基础。少年时代的钱钟书,锦心绣口。他从不愿说赞扬别人的话,经常批评、挖苦、调侃别人,说话既刻薄,又俏皮。

不论是学友、师长、前辈,甚至自己的父亲都曾被他挑剔过。钱钟书的架子很大,不愿拜访别人,更不拜访名人,他曾说:"即使司马迁、韩愈住隔壁,也恕不奉访!"

1929年,19岁的钱钟书考入清华外文系,一时名震全校。当时,他的数学成绩只有15分,但他精深的国文造诣却无人能及,同学佩服得五体投地。

到了清华园之后，钱钟书看清了许多学术名流的真面目，便更加狂傲起来。他甚至敢当面挑剔中文系主任朱自清和哲学系主任冯友兰的不足。

有一次，青年教师赵万里为钱钟书与同学们讲版本目录学，讲到某本书时，赵万里自负地说："不是吹牛，这书的版本只有我见过。"钱钟书听了，张口就说："这个版本我见过好多次呢！"

钱钟书的狂傲不同于常人，他狂得直率、自然、可爱，在狂傲的背后，他还有更重要的一面，那就是谦虚谨慎。他从不以自己的才华沾沾自喜，尤其在学问上，对自己极为严格。

他创作的《谈艺录》《管锥编》《围城》，可谓尽善尽美，但他并不引以为豪，并对《谈艺录》"壮悔滋深"，对《围城》"不很满意"，对《宋诗选注》"实在很不满意，想付之一炬"，他对这些著作中的每个字句，每一条中、外引文都要认真查找核对，不厌其烦地修正、补订，逐渐完善。

据钱钟书的同学饶余威回忆，在清华的一批同学中，钱钟书是最有影响力的一个。钱钟书的中英文造诣很深，又精于哲学及心理学，终日博览中西新旧书籍，立志"横扫清华图书馆"。

最奇怪的是，他上课从不记笔记，只带一本和课堂无关的闲书，一面听讲，一面看自己的书，但是考试时总得第一。对此，同学们佩服不已，许多同学乐于向钱钟书请教学问，而钱钟书在对同学的一次次帮助中，也得以更加出色地展示他的才学。学生时代念的西洋文学，像"最甜美的诗歌就是那些诉说最忧伤的思想的"，"真正的诗歌只出于深切苦恼所炽燃着的人心"，"最美丽的诗歌就是最绝望的，有些不朽的篇章是纯粹的眼泪"等等，钱钟书张嘴就来。

钱钟书不仅喜欢读书，也鼓励别人读书。他还有一个怪癖，看书时喜欢用又黑又粗的铅笔画下名言佳句，并在书旁加上自己的评语，据说，清华大学藏书中的画线和评语大都出自钱钟书。

不过，也有一些同学对钱钟书的才学产生了妒忌，感觉很不服气。同班同学许振德就因为钱钟书夺去了班上的第一名而愤愤不平，很想

【清华学术期刊】

　　《清华法学》：由中华人民共和国教育部主管，清华大学主办，清华大学法学院《清华法学》编辑部编辑，双月刊，逢单月15日出版。

凭自己"山东大汉"的力气揍钱钟书一顿出气。对此，钱钟书颇有对策。

　　有一次上课，许振德的目光总盯在一个女同学身上，暗递秋波，钱钟书发现后，便提笔在笔记本上画上许多许振德向不同方向观看的眼神变化图，题名为"许眼变化图"，没等下课，即将此画递给其他同学，一时成为笑谈。后来，许振德偶然有个不能解决的问题，钱钟书帮助解决，二人才化干戈为玉帛，成为要好的朋友。

　　许振德称赞钱钟书："图书馆借书之多，恐无能与钱兄相比者；课外用功之勤，恐亦乏其匹。"

"书虫"以诗抒怀，勉励同窗

　　钱钟书爱看书，吴组缃很佩服这位"书虫"。《围城》出版后，吴组缃看了更加佩服，给钱钟书许多"奖勖"，并认为《围城》是一部杂文式的议论小说。

　　1979年，钱钟书访问美国时说："吴组缃是一位相当谨严的作家，对于写作一事，始终觉得力不从心，所以自从《鸭嘴涝》出版后便搁笔了。"新中国成立后，清华大学中文系请了吴组缃，西文系则请了钱钟书，他们又一起回到清华园。

　　钱钟书有个同学叫常风，两人同住一间宿舍。夜半时分，常风睡得又香又甜，鼾声大作，而钱钟书却常常失眠。看着常风熟睡的样子，钱钟书羡慕不已，便作了一首诗："帘帷瑟瑟风初起，鼻息微微梦正酣。良夜羡君能美睡，不眠滋味我深谙。中宵旧恨上心时，此恨故人圣得知。一事无成空抱负，百端难解是愁思。"

　　大学毕业后，钱钟书收到了常风从太原寄来的一封信，说自己很不得志，想自杀。钱钟书看后大吃一惊，很替常风担心。为此，他特意给常风寄去一首诗："惯迟作答忽书来，怀抱奇愁郁莫开。赴死不甘心尚热，偷生无所念还灰。升沉未定休忧命,忧乐遍经足养才。埋骨难求干净土,且容蛰伏待风雷。"后来,常风从消沉的情绪中走了出来。

1935年初,他给钱钟书寄来一封信,钱钟书很高兴,仍旧复诗一首:"朔雪燕云我亦思,输君先辨草堂资。何年灯烛光能共,满地江湖会少期。世态重轻凭得失,天心颠倒看成亏。哀情吉语真堪味,好梦无多说未痴。"

1930年11月4日,清华大学学生自治委员会执行委员会召开第4次会议,通过出版科职员名单,钱钟书与曹禺同被选为《清华周刊》编辑。据说,当时钱钟书与曹禺、颜毓蘅三人被比拟为北洋军阀中的"龙虎狗三杰"。

"龙"就是钱钟书,相当于袁世凯手下的王士珍。不过,钱钟书似乎不喜欢这个雅谑,他曾在一封信中说:"'龙虎狗'一节,是现代神话。颜君(颜毓蘅)的英语很好,万君(曹禺)别擅才华,当时尚未露头角呢。"

口出狂言,谢绝挽留

1933年,钱钟书自清华毕业,当时清华研究院刚成立不久,老师们都希望他能留下来,继续读研究生课程,为研究院争光,但他未置可否。四年级临近毕业时,陈福田、吴宓等教授想挽留他,都去做他的工作。

有一次,陈福田教授说:"在清华,我们都希望钱钟书进研究院,继续研究英国文学,为我们新成立的西洋文学研究所增加几分光彩,可是他一口拒绝了。他对人家说:'整个清华没有一个教授有资格充当钱某人的导师。'这话未免有点过分了。"吴宓教授是个厚道、宽宏大量的人,对年轻的钱钟书颇为期许,对他的自负盛气也最能原谅。

他对钱钟书拒绝进入清华研究院并没有什么不高兴,他说:"学问和学位的修取是两回事。以钱钟书的才华,他根本不需要硕士学位。当然,他还年轻,瞧不起清华大学的现有西洋文学教授也未尝不可。"后来钱钟书说:"20岁不狂是没有前途的,30岁以后还狂是没有头脑的。"他们的话相互验证了。

清华大学最终未能留住年轻的钱钟书,钱钟书回到了上海,到光华大学任教。他父亲钱基博当时在上海光华大学任中文系主任,身体欠佳,召他赴上海,这是钱钟书南返的一个重要原因。另一方面,钱钟书已有足够的治学能力,他的知识大都源于自学,他不愿再听课了。也许还有一个未能对别人说明的原因,即他的目的是2年后出国留学。当时清华其他专业都可以出国留学,唯独外文专业不能,而且规定,大学毕业生必须要有两年以上的服务年限才能出国留学。

用麻袋装笔记,用被子捂蛋糕

20世纪50年代,钱钟书已经是名震遐迩的大学者,据在文学研究所工作的一些同志回忆,每次他们进入线装书库,都会撞见钱钟书。他拿着铅笔和笔记本,不断地翻检书籍,不断地抄录、做笔记,常常忘记时间。有时,他会在那里向青年人介绍各类古籍,告诉他们这些书的插架所在,如数家珍。文学研究所图书馆馆藏线装书十分丰富,许多线装书的借阅卡上只有钱钟书一个人的名字。图书室当年收藏了许多好书,特别是珍贵的外文书,其中不少就是他帮助订购或搜寻来的。据说他精读的每一部书都反复批点,有的连两头和页边都写满了,再也找不到一点空地方。他的夫人杨绛曾在一篇文章中回忆说,钱钟书撰著《管锥编》时,她为他整理、检点笔记本,整整费了两天工夫,装了几大麻袋,

【清华校训】
1914年,梁启超先生到清华以"君子"为题做演讲,以《周易》"乾""坤"二卦的象辞"天行健、君子以自强不息;地势坤、君子以厚德载物"为中心内容激励清华学子发奋图强。此后,学校即以此八字尊为校训,制定校徽。1917年修建大礼堂即以巨徽嵌于正额,以壮观瞻,同时期的校徽中也有此八字。

由此可见其治学态度。

1994年10月30日，是夏衍先生的生日。当时钱钟书和他一样，都因病住院。夏衍便让女儿给钱钟书送去一块蛋糕，钱钟书胃口大开，兴致勃勃地坐在病床上吃蛋糕。

这时，一名摄影记者悄悄溜进病房偷拍。刚开始钱钟书背对记者，没有理会，吃得津津有味，记者见状大胆起来，转到钱钟书的正面拍摄。钱钟书措手不及，为了保护尊容，只得撩起被子，连头带蛋糕一起捂进去，全然不管奶油弄得满被子，惹得周围的人哈哈大笑。

清华小百科

　　清华大学图书馆除中外文图书外，馆藏资源还包括：古籍线装书22万册；期刊合订本约有53万册；年订购印刷型期刊3268余种；本校博、硕士论文9.2万余篇；缩微资料2.8万种；各类数据库459个；中外文全文电子期刊5.7万余种；中外文电子书超过238.5万册，电子版学位论文约有105.9万篇。

第二课　许身报国壮山河

邓稼先（1924～1986），安徽怀宁人，著名核物理学家，中国科学院院士。早年在父亲的指导下，积累了一定的文化基础。1935年考入志成中学读高中，期间结识了杨振宁。1937年，北平沦陷后，参加了抗日聚会。1941年，考入西南联大。抗战胜利后，北大迁回北平，被聘为物理系的教授助理。1948年，考取了留美研究生，在印第安纳州的普渡大学物理系研究生院就读。1950年，取得了博士学位之后，迅速回到了祖国。回国后，先在原子能研究所担任助理研究员，两年后被提升为副研究员。1958年，义无反顾地接受了组织和领导我国核武器研制的任务。1972年，担任核武器研究院副院长，7年之后，升为院长。1984年，指挥中国第二代新式核武器试验成功。1986年7月，国务院授予"五一"劳动奖章。

从中学教师到娃娃博士

1945年，抗日战争全面胜利。邓稼先以优异的成绩圆满完成了大学四年的学业，拿到了毕业证书。之后，邓稼先在昆明培文中学教了一年的数学，后来转到文正中学又教了一年，等待机会返回北平。在这期间，昆明爆发了震惊抗战大后方的"一二·一"惨案，邓稼先在好友的介绍下，加入了共产党的外围组织"民青"，投身于争取民主、反对国民党独裁统治的斗争中。

第二年，邓稼先顺利回到了北京，被北京大学物理系聘为教授助理。在不断高涨的学生运动中，邓稼先积极参加了北大理学院的进步运动，热情支持民主学生运动，还担任了北京大学教职工联合会主席。

1948年夏，邓稼先考取了留美研究生，他来到了印第安纳州的普渡大学物理系研究生院攻读物理系。在学习之余，邓稼先参加了进步留学生团体"留美中国科学工作者协会"，并且担任了干事之职。

由于他学习成绩突出，不足两年便读满学分。得知新中国成立之后，邓稼先迅速写好了论文，顺利通过答辩，获得了博士学位，此时他只有26岁，人称"娃娃博士"。他的恩师和好友挽留，希望他留在美国，为自己奔一个好的前程，邓稼先婉言谢绝了。在获得学位后的第九天，就登上了开往上海的"威尔逊号"轮船。和邓稼先一样期盼早日回国的留学生和学者有一百多人，他们冲破了美方的重重阻挠，在1950年国庆前夕回到了祖国的怀抱。

回国后，邓稼先来到刚刚成立的中国科学院近代物理研究所，也就是后来的原子能研究所担任助理研究员，从事原子核理论研究。两年后，他被提升为副研究员。1953年，时年28岁的邓稼先与人大常委会副委员长许德珩的长女许鹿结婚。1954年，邓稼先如愿以偿地加入了中国共产党。

义无反顾投入一生

1958年，第二机械工业部的副部长钱三强找到了邓稼先，征求他的意见，问他是否愿意参加原子弹的研制工作。邓稼先想也没想，一口答应了

【清华精神】

在纪念90周年校庆期间，全校开展了整整一年的"清华精神"大讨论，。一般认为清华精神包括"爱国奉献""严谨求实""勇于求新""追求卓越""团队精神""世界眼光"等方面。清华校长顾秉林在2003年任职致辞中正式提到清华精神为"爱国奉献、追求卓越"。

下来。他等这一天等得太久了。由于工作性质的严格保密性，回到家里，邓稼先没有对妻子说实话，只是说"要调动工作"，以后不方便照顾家庭和孩子了，而且联系也非常困难，知书达理的妻子表示坚决支持邓稼先的工作。从那以后，邓稼先似乎突然从人间蒸发了一样，从人们的视觉中悄悄地消失了。

1962年9月，在邓稼先的努力之下，第一颗原子弹的理论设计方案成功完成了。在这个方案的基础之上，第二机械工业部党委向中央呈交了相关的报告。后来政治局作出决定，确定了原子弹爆炸的最终时间。1964年10月16日下午，冉冉升起的蘑菇状烟云向全世界宣告中国第一颗原子弹爆炸成功。之后，邓稼先继续领导了研制氢弹的新任务。1966年底突破氢弹原理，次年6月，成功爆炸了中国第一颗氢弹。

邓稼先长期担任核试验的领导工作，在最关键、最危险的时候总是出现在第一线。在生死关头，他总是站在操作人员的身边，给人巨大的鼓舞和安慰。

1986年，邓稼先因身患癌症而逝世。

清华小百科

清华大学政府批建机构：国家实验室，国家重点实验室，国家工程实验室，国家工程研究中心。自主批建机构：清华大学信息技术研究院，清华大学低碳能源实验室，清华大学国学研究院，清华大学建筑与城市研究所。联合共建机构：清华大学－国家开发银行规划研究院，清华大学－波音联合研究中心，清华大学－启迪创新研究院，清华大学－丰田研究中心。

第三课　清华名人榜——陈寅恪教授

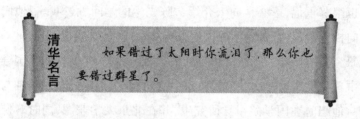

清华
名言

　　如果错过了太阳时你流泪了，那么你也要错过群星了。

　　陈寅恪（1890~1969），中国现代历史学家、古典文学研究家、语言学家。江西义宁（今修水）人，1890年生于湖南长沙。少时在南京家塾就读，曾师从国学大师王伯沆。在家庭环境的熏陶下，广泛阅读经、史、哲学典籍。

　　1902年随南京矿路学堂毕业的长兄陈衡恪东渡日本，入巢鸭弘文学院；同年入读该校的中国学生还有鲁迅、陈师曾等人。1905年因足疾辍学回国，后就读上海吴淞复旦公学。1910年考取官费留学，先后到德国柏林大学、瑞士苏黎世大学、法国巴黎高等政治学校学习。第一次世界大战爆发，1914年回国。1918年冬获得江西官费资助，再度出国深造，先在美国哈佛大学随蓝曼教授学梵文和巴利文。1921年转往德国柏林大学，随路德施教授攻读东方古文字学，同时向缪勤学习中亚古文字，向黑尼上学习蒙古语。通过留学期间的学习，具备了阅读蒙、藏、满、日、梵、英、法、德和巴利、波斯、突厥、西夏、拉丁、希腊等十余种语文的能力，尤精

梵文和巴利文。

　　1925年,陈寅恪回国。这时,清华学校改制为大学,设立国学研究院,其"基本观念,是想用现代的科学方法整理国故"。聘任当时最有名望的学者王国维、梁启超、赵元任等人为导师,人称清华四大国学大师。当时的研究院主任吴宓很器重他,认为他是"全中国最博学之人"。梁启超也很尊重他,虚心地向人介绍:"陈先生的学问胜过我。"他们都曾极力向校方举荐他。1926年6月,他只有36岁,就与梁启超、王国维一同应聘为研究院的导师,并称"清华三巨头"。他在1929年所作的王国维纪念碑铭中首先提出以"独立之精神,自由之思想"为追求的学术精神与价值取向。他当时在国学院指导研究生,并在北京大学兼课,同时对佛教典籍和边疆史进行研究、著述。在清华大学开设语文和历史、佛教研究等课程。他讲课时,或引用多种语言,佐证历史;或引诗举史,从《连宫洞》到《琵琶行》《长恨歌》,皆信口道出,而文字出处,又无不准确,伴随而来的阐发更是精当,令人叹服。

盛名之下,他朴素厚实,谦和而有自信,真诚而不伪饰,人称学者本色。1930年,清华国学院停办,陈寅恪任清华大学历史、中文、哲学三系教授兼中央研究院理事、历史语言研究所第一组组长、故宫博物院理事等职。

　　陈寅恪继承了清代乾嘉学者治史中重证据、重事实的科学精神,又吸取西方的"历史演进法",运用这种中西结合的考证比较方法,对一些资料穷本溯源，核定确切。并在这个基础上，注意对史实的综合分析，从许多事物的联系中考证出关键所在，用以解决一系列问题，求得历史面目的真相。他这种精密考证方法，其成就超过乾隆、嘉庆时期的学者，发展了我国的历史考据学。

陈寅恪对佛经翻译、校勘、解释，以及对音韵学、蒙古源流、李唐氏族渊源、府兵制源流、中印文化交流等课题的研究，均有重要发现。在《中央研究院历史研究所集刊》《清华学报》等刊物上发表了四五十篇很有分量的论文，是国内外学术界公认的博学而有见识的史学家。

1937年7月，抗日战争爆发，日军直逼平津。陈寅恪的父亲陈三立义愤绝食，溘然长逝。治丧完毕，陈寅恪随校南迁，过着颠沛流离的生活。1938年秋，西南联大迁至昆明，他随校到达昆明。

1942年春，有人奉日方之命，专程请他到已被日军侵占的上海授课。他又一次拒绝，随即出走香港，取道广州湾至桂林，先后任广西大学、中山大学教授，不久移居燕京大学任教。当时，面对民族危亡，国民党政府腐败无能，消极抗日积极反共，陈寅恪感到痛心，而桂林某些御用文人，竟发起向蒋介石献九鼎的无聊活动，劝他参加，他作《癸未春日感赋》："九鼎铭辞争讼德，百年粗粝总伤贫。"以示讽刺。这一时期，在繁忙的教学中，他仍致力于学术研究，先后出版了《隋唐制度渊源略论稿》《唐代政治史述论稿》两部著

作,对隋唐史提出了许多新的见解,为后人研究隋唐史开辟了新的途径。

抗战胜利后,陈寅恪再次应聘去牛津大学任教,并顺便到伦敦治疗眼睛,经英医诊治开刀,不仅无效,目疾反而加剧,最后下了双目失明已成定局的诊断书。陈寅恪怀着失望的心情,辞去聘约,于1949年返回祖国,任教于清华园,继续从事学术研究。新中国成立前夕,他到广州,拒绝了国民党中央研究院历史语言研究所所长傅斯年要他去中国台湾、中国香港的邀聘,任教于广州岭南大学。院系调整,岭南大学合并于中山大学,遂移教于中山大学。

新中国成立后,他受到党和政府的器重和无微不至的关怀,先后被选为中国科学院社会科学部委员、中央文史馆副馆长、第三届全国政协常务委员等职。自1956年,陈毅、陶铸、周扬、胡乔木等中央领导人,都先后去看望过他。陶铸尊重他的学识和人品,1957年亲自关心他的助手配备和眼疾治疗。1962年,他的右腿跌骨折,又给他派护士轮班照顾,在广东知识界传为美谈。1962年,胡乔木前往看望,关心他的文集出版。他说:“盖棺有期,出版无日。”胡乔木笑答:“出版有期,盖棺尚早。”在助手的帮助下,他把《隋唐制度渊源略论稿》《唐代政治史述论稿》《元白诗笺证稿》以外的旧文,编为《寒柳堂集》《金明馆丛稿》《寒柳堂记梦》。他的助手黄萱曾感慨地说:“寅师以失明的晚年,不惮辛苦、经之营之,钩稽沉隐,以成此稿(即《柳如是别传》)。其坚毅之精神,真有惊天地、泣鬼神的气概。”

“文革”期间,陈寅恪遭到残酷折磨。使他最伤心的是,他珍藏多年的大量书籍、诗文稿,多被洗劫。1969年10月7日在广州含恨离开人世。

陈寅恪长期致力于教学和史学研究工作。他热爱祖国,治学严肃认真,实事求是,在史学研究中写出了高水平的

【清华校友】

钱三强,1913年10月16日生,核物理学家。1936年毕业于清华大学。1948年,钱三强回国,任清华大学物理系教授。1950年5月,中国科学院组建了以研究原子核科学为主的近代物理所,钱三强先任副所长,1951年起任所长。是中国科学院特邀顾问、研究员。

史学著作,为人们开拓了历史的视野,对我国史学研究作出了贡献。一直受到人们的崇敬。陈寅恪不仅为大史学家,旧体诗亦卓然大家。他佩服陶(渊明)杜(甫),虽爱好李白及李义山诗,但不认为是上品。他特别喜好平民化的诗,故最推崇白居易,在他《论再生缘》中所以有"论诗我亦弹词体"之句。有《诗存》问世。其平生著作,经过他的学生复旦大学中文系教授蒋天枢的整理、校勘,一套二卷、二百万字的《陈寅恪文集》已于1979年编纂成册,由上海古籍出版社出版。

陈寅恪的"四不讲"

著名历史学家陈寅恪先生先后留学于日本、德国、瑞士、法国、美国等,通晓梵文、突厥文、满文等多种东西方语言文字。归国后先后任教于清华国学研究院、岭南大学等数所大学。陈寅恪一生中为人们留下了大量著作,内容涉及历史、文学、宗教等多个领域,为后来人开辟了新的学术领域,提供了新的治学方法,民国以来广为学界所尊崇。

陈寅恪治学面广,宗教、历史、语言、人类学、校勘学等均有独到的研究和著述。他曾言:"前人讲过的,我不讲;近人讲过的,我不讲;外国人讲过的,我不讲;我自己过去讲过的,也不讲。现在只讲未曾有人讲过的。"因此,陈寅恪的课上学生云集,甚至许多名教授如朱自清、冯友兰、吴宓、北大的德国汉学家钢和泰等都风雨无阻地听他的课。

此外,陈寅恪讲学还注意自然启发,着重新的发现。对学生只指导研究,从不点名,从无小考;就是大考,也只是依照学校的规章举行,没有不及格的。他常说:问答式的笔试,不是观察学生学问的最好办法。因此每次他都要求学生写短篇论文代替大考。但陈寅恪又强调:做论文要有新的资料或者新的见解,如果资料和见解都没

【清华校友】

王淦昌,中国著名核物理学家、中国核科学的奠基人和开拓者之一。1930年,在清华大学担任教师助理的王淦昌在导师叶企孙、吴有训的鼓励下,考取了官费留学德国的研究生进入柏林大学学习。在取得柏林大学博士学位后王淦昌决意回国。1934年春,王淦昌带着简单的行李和大量图书资料,踏上了回国的归途。

有什么可取,则做论文也没有什么益处。

陈寅恪在讲授历史研究的心得时,常说:"最重要的就是要根据史籍或其他资料以证明史实,认识史实,对该史实有新的理解,或新的看法,这就是史学与史识的表现。"他的学生曾经回忆道:"陈师在讲历史研究时,常说:凡前人对历史发展所留传下来的记载或追述,我们如果要证明它为'有',则比较容易,因为只要能够发现一二种别的记录,以作旁证,就可以证明它为'有'了;如果要证明它为'无',则委实不易,千万要小心从事。因为如你只查了一二种有关的文籍而不见其'有',那是还不能说定了,因为资料是很难齐全的,现有的文籍虽全查过了,安知尚有地下未发现或将发现的资料仍可证明其非'无'呢?"陈寅恪对学术研究的严谨态度由此可见一斑。难怪傅斯年对他进行这样的评价:"陈先生的学问,近三百年来一人而已。"

清华小百科

　　2012 年《泰晤士报》世界大学声誉排行榜:清华大学排名世界第 30 位,位列中国第 1 名。中国管理科学研究院《中国大学评价》的大学排名,清华大学连续 14 年位列中国大陆高校第 1 名。2002 年至 2009 年全国先后三次完成了全部一级学科的评估工作,清华大学共有 56 次一级学科排名第一,其中 2007 年至 2009 年第三次评估中,13 个一级学科排名第一,名列参评单位榜首。

第五章　解读清华

　　重视教育质量、把人才培养作为学校的第一要务,是清华大学一贯的办学目标和传统。创新是一个民族的灵魂。为国家培养更多的拔尖创新人才,是清华大学的立校之本。

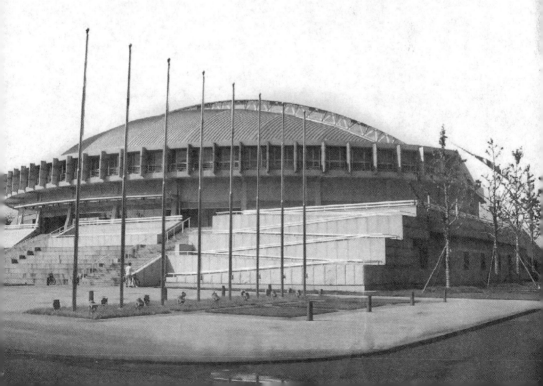

第一课　清华的育人理念

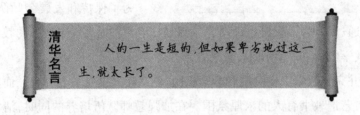

清华
名言
　　人的一生是短的,但如果卑劣地过这一
生,就太长了。

　　重视教育质量、把人才培养作为学校的第一要务,是清华大学一贯的办学目标和传统。在这一办学目标的实施过程中,总有一些故事让我们眼前一亮,让我们更深入地思考。创新是一个民族的灵魂。为国家培养更多的拔尖创新人才,是清华大学的立校之本。

讲台上的名师大家

　　全英文授课,全英文交流。学生们的问题尖锐而幽默,课堂上不时响起阵阵笑声。这是由计算机领域诺贝尔奖——"图灵奖"获得者、清华大学全职教授姚其智院士主持的清华软件科学实验班最普通的一堂课。"大师的课就是明白易懂。"一位大二学生这样评价。软件科学实验班的每堂课都是精心设计的。贴近实际生活的例子,大大激发了学生的兴趣和求知欲,体会到基本教学工具的强大"威力",明白理论何所来、向何处去。姚其智先生的课没有一成不变的教材和教案,却真正凝结了他自

【清华校徽】

清华大学校徽是由三个同心圆构成的圆面。外环上下是英文校名;中环左右并列着"自强不息"与"厚德载物"两个词组。它们出自《周易》乾坤两卦的大象辞。这两句话最先是1914年11月5日梁启超先生到清华演讲时勉励清华学子时提出的。校徽的原型来自清华兵操营的军旗,其后又经历多次更改。该校徽于2003年12月学校以"清华老校徽图案"申请注册教育服务类商标,并于2006年4月获批。

己多年来丰富的研究成果和心得,。这是这门课最宝贵、最闪光的地方。因为没有哪一本教科书能这样既有对理论计算机科学最前沿的把握,又有如此明白生动的讲解。

在清华,一大批院士、国家级教学名师、长江学者,"杰出青年基金"获得者走上了教学第一线。为了保持和发展名师队伍,学校通过培训计划、派出计划、奖励计划,培养和提高青年教师的教学理念、教学方法和教育技术,激励青年教师投身教学一线锻炼成长。学校建立并完善教学工作制度和激励机制,创造让大批教学名师脱颖而出的条件,营造教书育人的浓厚氛围。在加强教师队伍培养的同时,清华还建立了讲席教授制度,聘请若干名海外知名学者共同负责一个学科领域的学术工作,全面提升教学、科研、学科建设以及管理水平。目前共有20个讲席教授团组受聘,一百余名世界一流大学的学者通过讲席教授制度来清华大学工作。

课程突出

2007年3月,一门在全国高校中开先河的课在清华园开讲——"实验室科研探究课"。"我想知道如何做科学研究,这门课给我提供了一个亲身体验的机会。"化工系一位大二女生选择了六个院系的相关教学单元,她对这门全新的课程充满期待。按照学校的安排,这门课在全校筛选出22个院系的52个实验室,组织学生轮流到相关教学单元实验室,由高水平教师进行现场教学,以科普语言和直观形式全方位展示科研过程。

2006年底,105门本科课程获得清华大学首批精品课程称号。这是清华大学一类课程20年发展与建设的沉淀,也是学校明确提出建设精品课程5年来努力的成果。目前清华大学有42门课程入选国家精品课程,58门课程入选北京市精品课程,共涉及课程门数65门,分布在校内26个院系和教学单位。在以精品课带动课程建设的过程中,清华大学还十分注重特色课程的培育与建设,实行研究型教学方式为重点,推进以小班授课、师生互动为特点的课程改革。在不断进行精品、特色课程建设的过程中,学校还开设了"创业机会识别与商业计划"和"未来企业家之路"课,通过独特的授课方式为学生创新意识提供机会和条件。

给学生一片科研的"海洋"

计算机系研究生任罡在导师指导下参与了"真实IPv6源地址网络寻址体系结构"的研究,他参与研究部分的成果成为该项目重大创新成果之一。"从两年前开始,导师就指导我参与这一课题的预研……并安排我多次参加IETF(互联网工程任务组)的国际标准化会议,全程参与了项目相关工作组的筹备

【清华校友总会】

清华校友总会的前身是清华学校留美同学会和清华同学会。清华学校留美同学会是1913年夏天发起成立的,以振作校风,联络情谊为宗旨。在总会执行部下分为美国东部和中西部两支会,到1920年回国的同学逐渐增多,在国内设立上海支会、北京支会。

和标准草案提交工作。"目前,任罡参与的科研工作中,已申报国家发明专利3项,提交标准草案3项。

科研——掌握在海洋中游泳的能力,这是清华学子在课堂学习之外的收获。清华拥有较强的科研实力,通过科研反哺教学,增强学生科研素质。1996年在全国率先推出SRT(大学生研究训练计划)。1998年推出的"挑战杯"已发展成全国性赛事。以"挑战杯"科展和创业计划大赛为代表的课外科技赛事体系覆盖全校主要学科群。学校还设有"种子基金"引导学生的课外科技创新活动。"优秀博士学位论文奖励基金""博士生科研创新基金""博士生出席国际会议基金"、博士生论坛等为博士生深入开展创新性学术研究、开拓国际性学术视野、写出高水平博士论文提供必要的支撑条件。截至2011年12月,清华共有62篇论文入选"全国百篇优秀博士学位论文",名列全国高校之首。

成长为一棵有特色的"树"

清华大学针对不同类型学生提供不同的成才途径。学校提供满足学生需求的多样化学习资源,引导学生有意识地思考自己的成才

路径。在多样化人才培养的基础上,清华积极推行因材施教的教育方式。相继开办"数学—物理基础科学班","化学—生物基础科学班","软件科学实验班",人文学院按"人文实验班""社科实验班"两大类招生。此外,学校还设立主、辅修制度,设置经济学等第二学士学位,尽可能给学生提供多样化的"营养套餐",让学生能够根据自己的特点、特长和兴趣去自主选择。特别是在研究生阶段专门为学生制定个性化培养方案,增加特殊训练环节,包括提供校内外乃至国内外的更多资源,把有发展潜力的学生送到世界名校,跟随大师在活跃领域学习,使他们能够尽快进入学术最前沿,最终成长为出类拔萃的人才。

站在国际潮头看世界

力学系研究生徐志平,在导师指导下曾经先后三次到德国和中国香港的大学做短期学术研究。"我们正在做的研究是国际上的前沿问题,这样的研究方式对我了解国际上的研究动态和拓展学术视野非常有好处,他们的一些研究方法对我也非常有启发。"徐志平说。在清华,像徐志平这样在就读期间有机会到国(境)外进行科学研究的学生还有很多。2001年至2006年,在导师与国外教授的科研合作基础上,清华共派出近3000人次的研究生出国、出境开展长期和短期研究工作。

清华大学努力搭建学生培养的国际化平台。学校积极开展多渠道、多层次、全方位的国际合作与交流,与一百七十余所世界知名大学签订了合作与交流协议。通过中外合作培养、国际交换生项目、联合学位项目、海外实习项目,设立海外学者短期讲学计划,举办博士生国际学术论坛、派出交流等措

【清华同学会】

1927年由清华校友总会华北支会发起,募捐购屋于骑河楼39号,创办北京清华同学会会所。清华同学会总会于1933年10月29日在北平骑河楼清华同学会会所成立。校长梅贻琦为会长兼总干事。总会以增进该校利益,联络会员友谊,提倡互助精神为宗旨。

施培养具有国际视野的创新型人才。部分院系为国际学生设计了全英文的研究生学位项目，吸引世界各地的优秀留学生。每年有大批世界一流学者来校任教、讲学，众多的国家和国际组织的政要及跨国公司总裁来校访问、演讲。广泛、紧密的国际合作与交流，增加了学生国际化教育的实践和经历，提升了学生国际交流能力。

走出校门看社会

2006年暑假，曾以实践日记获得温家宝总理批示的新闻与传播学院学生李强，又踏上了河北定州的土地，与他同行的还有几位大二的同学。他们共同体验着农村建设的发展历程。一位同学在实践总结中写道："此行的所见所感告诉我，我和农村的距离不再是那样遥远。……清醒地认识国家的现状，挑起属于我们的那份责任，这才是我们应该做的。"

清华大学学生社会实践以"与专业学习相结合，与服务社会相结合，与择业就业相结合"为指导思想，涵盖国情考察、支教扶贫、社会调研、专业实习、科技服务、校友访谈、挂职锻炼等多种形式，呈现出组织规模化、项目品牌化、基地规范化、机制长效化、合作多样化的良好发展态势。每名学生在校期间都能得到社会实践机会，在实践中"受教育、长才干、作贡献"。2006年，学校参与社会实践的学生达一万余人次，学生社会实践支队数达到672支，涌现出了以博士生实践服务团、中美大学生教育扶贫、北方农村能源调查等一批品牌项目。近年来，配合学校就业引导工作，学校大力开展就业实践，让学生在了解行业发展过程中，切身

体会国家对人才的需求,增强社会责任感和历史使命感。

课堂之外的异彩纷呈

每学期开学,校园里总会出现各种精彩的演出,那是各个学生社团在"招新":击剑协会的成员手执长剑,姿势潇洒;军乐队把管弦乐器和乐谱架摆到了现场……对于清华同学来讲,一百余个社团为他们提供了培养兴趣、自我发展的广阔空间。社团活动只是清华大学丰富多彩第二课堂的一个组成部分。

在全面发展身心健康的同时,社会工作成为清华培养学生奉献精神和服务意识,提高学生综合素质的重要途径,也是帮助同学们在集体中成长、在团队中学习的有效手段。清华大学"学生社会工作岗位锻炼计划",要求大部分学生在校期间都要参与一定的社会工作。在全国率先开展的"大学生素质拓展计划"激励引导学生在第二课堂中全面发展;广泛开展的学生课外科技活动培养了学生的创新能力、创新精神和科学作风;志愿者活动立足校园、深入社会;群众性体育活动蓬勃开展,等等。

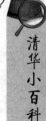

清华小百科

清华大学组织机构之二:校长办公室、教务处、研究生院、科研院、文科建设处、学科规划与建设办公室、国际合作与交流处、人事处、学生处、教育培训管理处、离退休工作处、港澳台办公室、实验室与设备处、财务处、监察室、审计室、基建规划处、房地产管理处、后勤管理处、总务长办公室、保卫处、绿色大学办公室、文物保护与环境建设办公室、新闻中心等。

第二课 誉满清华的"小宝贝儿"

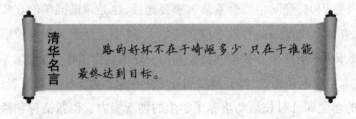

清华名言

路的好坏不在于崎岖多少，只在于谁能最终达到目标。

　　曹禺(1910～1996)，原名万家宝，字小石，祖籍湖北潜江，生于天津一个没落的封建官僚家庭，中国现代杰出的戏剧家。在天津南开中学学习期间，曾担任易卜生《玩偶之家》等剧的主角。1930年考入清华大学外文系，广泛钻研从古希腊悲剧到莎士比亚戏剧及契诃夫、易卜生、奥尼尔的剧作。1933年创作了四幕话剧《雷雨》，于次年公开发表。1934年9月，应邀去天津在河北女子师范学院任教。1936年5月，在巴金等人的鼓励和催促下，开始创作《日出》。1938年初，随剧校迁往重庆。1939年春，随校迁往江安。1946年，接到美国国务院邀请，经上海赴美讲学，1947年返回上海，后进入上海文华影业公司任编导，写成电影剧本《艳阳天》。1952年6月，北京人民艺术剧院(专演话剧的国家剧院)成立，任院长。1956年4月加入中国共产党。1978年再次任"北京人民艺术剧院"院长。1996年12月13日逝世，享年86岁。

立下"军令状",戏称"小宝贝儿"

1930年,正在南开念书的曹禺突然做了一个重大的决定:离开南开,报考清华大学的西洋文学系。当时,曹禺在南开已经小有名气,南开的演剧活动也离不开他,因此,学校起初并不想放他走。但是他去意已决,他觉得南开比较保守,而清华的演剧传统正是他所向往的,这次报考清华,曹禺是立了"军令状"的,南开提的条件是,考不上清华,也不准许再回南开。即使这样,也没有动摇他的信念,反而促使他背水一战。

一放暑期,曹禺就和同学孙毓棠到北京准备考试。他们住在孙毓棠的外祖父家里,宅子虽然破旧,但很清静,是个念书的好地方。考试很顺利,他和孙毓棠双双被录取。曹禺作为西洋文学系二年级插班生被录取,孙毓棠则进了历史系,另外还有六名南开同学也都被录取了。这对曹禺来说,有一种难以名状的喜悦,他终于摆脱了早已厌倦的政治经济之类的课程。对他这个热爱文学、热爱戏剧的青年来说,西洋文学系当然富于诱惑力。他的愿望实现了,怎能不高兴呢!

对于曹禺来说,清华的确是美丽的"世外桃源",和南开比起来,处处都显得新鲜动人。校园清静幽雅,小桥流水,绿树成荫。在绿荫中露出矗立于土丘上的白色气象台,背衬着蔚蓝色的天空,还有天空中悠悠的朵朵白云。这里既有被吴宓教授考证为《红楼梦》中怡红院的古月堂,又有为朱自清教授所欣赏流连的"荷塘月色",巍然屹立的大礼堂门前,是一片绿茵茵的草坪,和通体红色的礼堂相映成趣,可谓"怡红快绿"了。体育馆的围墙上布满生机盎然的爬山虎,图书馆掩映在碧绿的丛林之中,还有工字厅、科学馆、同工部……一座座现代建筑,都诱发着人们强烈的攻读愿望。清华给曹禺带来无尽的美丽遐想。

曹禺一进清华,同学们就奔走

【清华生源】

2009年高考招生中,清华大学的文理科生源质量继续保持优势。除西藏以外的全国30个省、直辖市、自治区理科前10名考生中,有210余人被清华录取,占前10名总数的70%,其中包括绝大多数省份的理科第一名。

相告："从南开来了一个能演剧的万家宝。"1930年冬天，阔别戏剧舞台的曹禺又开始排戏了，不过这次他不只是当演员，还要担任导演，剧目是易卜生的《娜拉》，由他扮演娜拉，第二年春天在清华大礼堂公演。据李健吾回忆："这次曹禺扮演娜拉，可能是中国话剧史上最后一次男扮女角了。"从此，同学们都亲昵地称他为"小宝贝儿"。

"世外桃源"的寂静与躁动

进入清华后，曹禺满以为，西洋文学系的课程定会比南开的政治经济课程更有趣，更有吸引力，但他的希望却部分地落空了。他早就知道西洋文学系主任王文显教授，据说王先生对戏剧很有研究，专门教授戏剧，他对教授抱着满腔希望。但是，曹禺去听王文显的《戏剧概论》《莎士比亚》和《近代戏剧》时，才发现王先生讲课的办法很简单，就是按照他编的讲稿在课堂上读，照本宣科。高年级同学说，他每年都是这样照本宣读，不增也不减，这使曹禺感到太枯燥。另外，他认为吴宓教授为人很怪，教的是西洋文学，讲19世纪浪漫诗人的诗，却专门写文言文，一身老古董气息。虽然在课堂上也不无收获，但曹禺似乎感到光靠听课是不行了，必须自己去找老师，那就是书籍。清华有一种很好的风气，每个教授上课都指定许多参考书，就放在图书馆阅览室的书架上，任学生自己去读。像王文显的戏剧课，就指定学生去阅读欧美的戏剧名著。曹禺得感谢王先生，因为那时学校每年都有一大笔钱买书，王先生是系主任，又是教戏剧的，他每年都要校方买不少戏剧书籍。从西洋戏剧理论到剧场艺术，从外国古代戏剧到近代戏剧作品，清华图书馆收藏得很多。正是这些戏剧藏书，为曹禺打开了一个广阔的戏剧天地。于是，图书馆的阅览室成为曹禺最如意的所在。宽敞明亮的大厅里鸦雀无声，每当坐下来，打开书本，他就像进入了一个丰富多彩的世界。他沉迷在这世界里，忘记了一切，有时连吃饭都忘记了。他整天泡在图书馆里，如饥似渴地吞吸着知识的营养。

其实，清华并非绝对是世外桃源，各种政治斗争充斥其中。曹禺在清华的生活交织着宁静和躁动。宁静时，也有着起伏的思想探索，常常掀起情感的波涛；不宁静时，就更是思绪万千了。他那浪漫的憧憬，总被激荡的现实所冲击，民族的灾难打破了他的迷梦，使他变得躁动不安。1933年上半年，曹禺即将毕业，外界不断传来令人焦虑的消息：1月，日本侵略军占领山海关；2月，日军占领

朝阳，大举进攻热河；3月，热河省主席汤玉麟弃城南逃，日寇不战而轻取承德。紧接着便进占古北口等地，战火已烧到北平的大门口了。这时，传来了二十九路军在喜峰口还击日本侵略军的消息。这胜利的消息，使得清华园又沸腾起来，同学们组织慰问团前往古北口慰问抗敌将士，曹禺也加入了慰问团。在古北口，他亲眼看到士兵们同仇敌忾英勇抗敌的高昂士气。这些经历和所见所闻都对曹禺的戏剧创作产生了重要影响。

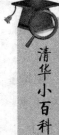

清华
小
百
科

　　清华大学组织机构之四：清华大学附属中学、清华大学附属小学、清华大学洁华幼儿园、北京华信医院（清华大学第一附属医院）、清华大学玉泉医院（清华大学第二附属医院）、北京清华医院、积水潭骨科学院、临床神经科学研究院、清华控股有限公司、清华大学建筑设计研究院、北京清华城市规划研究院。

第三课　不畏艰难以求真知

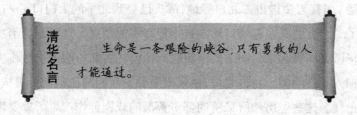

清华名言

　　生命是一条艰险的峡谷，只有勇敢的人才能通过。

　　竺可桢（1890～1974），字藕舫，又名绍荣，浙江上虞人，著名的科学家和教育家，当代著名的地理学家和气象学家，中国近代地理学的奠基人。幼年在私塾里读书，中学时学习非常刻苦，考入唐山路矿学堂。1910年考取了"庚款"留学生，获得博士学位后回到祖国。回国后在武昌高等师范学校和南京高等师范学校执教，1920年在东南大学担任教授，主持建立了地学系并亲自担任系主任。在学校改为中央大学初期再次担任地学系主任，1936年4月，担任浙江大学校长。1948年当选中央研究院院士。1955年当选中国科学院院士，之后先后担任中国科学院副院长、地学部主任、综合考察委员会主任，中国科协副主席，中国气象学会名誉理事长，中国地理学会理事长。主要论著有《中国之雨量》《中国之温度》《中国气候资料》等。

嗜学如命的小个子

1890年3月,竺可桢出生在浙江上虞一个普通的粮商之家。竺可桢的父亲见孩子又白又胖,于是就给他起名叫兆熊,小名叫阿熊。后来到了上学的年纪,父亲觉得应该给孩子起一个好听的学名,于是请来了镇上的私塾先生,私塾先生想了想说:"不如就叫可桢吧,古时候筑土墙时用的木柱子称作桢干,可桢的意思就是国家的栋梁。"

在竺可桢一岁半的时候,父亲便开始教他识字。有一天,父亲要去外地办事,不能教竺可桢识字,竺可桢从母亲的怀里挣脱出来,非得让父亲教完字才能走。竺可桢刚满3岁的时候,已经能认识很多的单字,还能背诵《游子吟》等好多唐诗呢。

5岁的时候,竺可桢跟随私塾先生开始学习四书五经,7岁时开始练习写作文。竺可桢的哥哥比他大14岁,是镇上有名的秀才。在竺可桢幼年阶段,哥哥教给了他很多学问。有一天晚上,哥哥教竺可桢写文章,竺可桢写了一遍觉得不好,开始重写,一遍又一遍,直到他满意为止。那天晚上,等他们上床睡觉的时候鸡已经鸣叫了。

竺可桢不仅喜欢学习,而且喜欢动脑筋。由于家乡经常下雨,竺可桢经常趴在窗前或蹲在屋门口看下雨,一次他发现了石板上有一排小坑,没想明白,随即向母亲请教。小学毕业后,15岁的竺可桢进入上海澄衷学堂学习,由于他个子很矮,体重很轻,和同龄的孩子相比,看上去又瘦又小,经常被同班同学讥笑短命,绝对活不过20岁。为此,竺可桢坚持锻炼,从没请过病假。1908年春,离中学毕业还有三个月,班上同学提议更换图画教员,遭到学校拒绝后,全班同学实行了罢课。暑假过后,竺可桢进入复旦公学,不幸的是,在这个时期,母亲病逝,竺可桢悲痛欲绝。为了告慰母亲的在天之灵,竺可桢发奋苦读,五次考试都名列全班第一。

8年深造几经波折

结束了中学阶段的学习之后,竺可桢以优异的成绩考入唐山路矿学堂主攻土木工程系。在大学期间,竺可桢学习非常用功,因此成绩总是名列榜首。

1910年,20岁的竺可桢考取了清华公费留学生。这个时候,竺可桢觉得农业是百业的根本,国家要想发展首先要搞好农业,所以,他放弃了自己的专业,在美国伊利诺斯大学学习农学。除了刻苦攻读外,竺可桢常常利用假期的时间去美国南部进行考察。其间,竺可桢渐渐发现自己对气象学产生了浓厚的兴趣,随即来到哈佛大学主攻地质系。1915年,竺可桢获得了哈佛大学气象学硕士学位,此后留在哈佛继续攻读博士学位。

在这时期,竺可桢发表了《中国之雨量及风暴学》和《台风中心之若干新事实》等论文,两年后,竺可桢被美国地理学会纳为会员。

不幸的是,竺可桢在外留学的8年期间,他的二哥、大哥和父亲相继去世,竺可桢的精神受了很大的打击,甚至一度对他的学术研究产生了严重的影响。

【清华就业前景】

在招聘过程中,用人单位往往看重清华毕业生的综合素质和能力潜质,职业道德和敬业精神。清华本科毕业生约有70%选择在国内国外名校中继续攻读硕士博士学位(其中大部分是免试推荐),其余的选择高质量就业或者自主创业。

1918年,竺可桢完成了他的学术论文《远东台风的新分类》,获得了博士学位。同年,竺可桢回到了阔别8年之久的祖国。

为祖国的发展呕心沥血

回到祖国之后,竺可桢在武昌高等师范学校任教,主要讲授地理和天文气象课。由于在"五四运动"中庇护爱国学生,竺可桢与武昌高等师范学校校长不合。两年之后,竺可桢离开了武昌,转而来到南京,在南京师范高等学校讲授气象学和地质学。

1920年,南京师范高等学校改成了东南大学,在竺可桢的积极争取之下,成立了地学系,竺可桢亲自担任系主任。之后,由于东南大学发生动乱,竺可桢离开后在商务印书馆任专职编辑。后来东大风波平息,竺可桢回到东大继续担任地学系主任。他一面主持日常行政工作,一面教授地学通论、气候学、气象学等课程。1927年,在蔡元培的推荐下,竺可桢担任了刚刚成立的气象所所长。在他的努力之下,全国建立气象台10处,测候处150处,雨量测候所1000处。1936年,金陵大学的一位教授和两个日本人一起参观北极阁,态度非常恶劣。竺可桢一气之下,将他们轰出了气

象所。

同年4月,竺可桢出任浙江大学校长。他出任校长后主要干两件事,整顿学校纪律和网罗人才。训导处长费巩一向清高自傲,曾经当面讽刺竺可桢,可是后来竺可桢力排众议,破例聘请他担任学校的训导处长。抗日战争爆发之后,竺可桢团结全校师生,携带图书仪器,历经浙江建德,江西吉安、泰和,广西宜山等地,来到贵州遵义和湄潭。在极端艰苦的条件之下,他不但积极组织师生上课,而且还以饱满的热情积极支持抗战。之后,由于体力不支,竺可桢一度辞掉了气象所所长的职务,在重庆一家气象所工作。当他得知后来很多珍贵仪器在转移当中丢失和损坏,非常心痛。在民主爱国的学潮中,竺可桢始终站在进步学生一面,保护浙大师生的爱国行为,积极营救了不少进步人士和革命青年。

为人民的事业鞠躬尽瘁

1949年4月,竺可桢积极组织浙大学生迎接解放。同时,电告国民党政府,坚决拒绝执行迁往台湾的命令。为了避免国民党当局迫害,竺可桢在上海隐居了半年,直到全国解放为止。竺可桢积极参加了全国人民政治协商会议,为新中国的建设出谋划策。新中国成立之后,竺可桢被任命为中国科学院副院长,同时兼任中国科学院生物学地学部主任、中国地理学会理事长、全国科学技术协会副主席等职务。他积极着手组织成立了中科院地理研究所,主持完成了中国自然区的划分、制定国家大地图案等工作。同时,积极投身于海南岛、雷州半岛和广西南部进行考察。1951年,竺可桢组织筹建了西藏工作队,同年还组织了黄河中游水土保持综合考察队。1956年,竺可桢领导创建了中国科学院综合考察委员会,并担任主任职务。在他的带动和领导之下,先后进行了四次规模巨大的考察活动,主要包括西藏高原和康滇横断山区研究,新疆、青海、甘肃、内蒙古地区的考察研究,热带地区特种生物资源的研究和主要河流水利资源的考察研究。在竺可桢的领导下,中科院先后建立了6个综合考察队。1959年,在竺可桢的倡导下,中科院在全国设立了六个治沙综合试验站。

沙坡头试验站就是在竺可桢的倡导下建立的。他曾经三次深入沙漠考察，足迹踏遍了内蒙古、河西走廊和新疆。

1963年，竺可桢先在云南西双版纳、思茅热带地区进行了大量的科学考察，此后又辗转到了宁夏中卫沙坡头、营盘水等地视察治沙工作。当看到一路上居民在滥伐红柳，他非常痛心，对随行的科委工作人员提出了严禁砍伐红柳的建议。

进入70年代之后，中美关系逐渐回暖，很多滞留海外的华人科学家开始回国访问。作为国际知名学者和中科院的副院长，竺可桢责无旁贷地承担了大量的接待工作，为发展民间外交和对外科技合作发挥了重要作用。

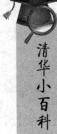

清华小百科

　　清华大学经济管理学院的使命是"跻身世界一流经管学院之列，造就未来中国乃至世界范围的商业领袖，贡献学术新知，以推动民族经济的伟大复兴"。工商管理、管理科学与工程、数量经济学为国家重点学科，有15个具有国际影响和国内领先的研究中心，其中有两个教育部人文社科重点研究基地，并拥有国内唯一的国家哲学社会科学创新基地——现代管理与创新研究基地。

第四课　造桥炸桥皆因爱国

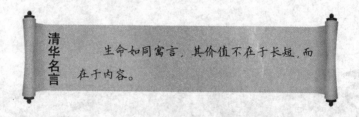

生命如同寓言，其价值不在于长短，而在于内容。

　　茅以升(1896～1989)，字唐臣，江苏镇江人。我国著名桥梁学家、土木工程学家、教育家、社会活动家。茅以升早年就学于南京思益学堂，1905年考入江南商业学堂，毕业后进入唐山路矿学堂学习。1916年毕业后，被清华学堂官费保送赴美留学，次年获得了美国康奈尔大学土木专业硕士学位。1921年，获得梅隆大学理工学院工学博士学位，他的博士论文《桥梁桁架次应力》，被称为"茅氏定律"，并因此获得了康奈尔大学优秀研究生"斐蒂士"金质研究奖章。回国后，在交通大学唐山学校担任教授、副主任兼总务主任。以后历任东南大学工科主任、河海工科大学校长、北洋工学院院长、杭州钱塘江桥工程处处长、国民党政府交通部桥梁设计工程处处长等。新中国成立后，历任北京交通大学校长、铁道科学研究院院长、中国土木工程学会第三届理事长、国际桥梁及结构工程协会高级会员、国际土力学及基础工程协会会员等。主要论著有《中国古桥技术史》《中国桥梁—古代至今代》《钱塘江桥》《武汉长江大桥》

《茅以升科普创作选集》《茅以升文集》等。

勤奋少年胸怀天下

1896年，茅以升出生在江苏镇江一个经商世家。祖父是清末举人，思想很进步，积极支持革命，曾经创建了《南洋官报》，是镇江的名士。茅以升出生不久，全家迁到了南京居住。

茅以升3岁时就开始接受母亲的启蒙教育，6岁时，他和别的孩子们一样进入私塾读书。1903年，7岁的茅以升进入南京创办的国内第一所新型小学——思益学堂学习。茅以升从小非常好学，善于独立思考问题。1906年端午节，家乡举行龙舟比赛，乡亲们挤在文德桥上看比赛，由于文德桥年久失修，再加上上去的人太多，桥突然坍塌，砸死、淹死不少人。当时茅以升闹肚子，没有挤上去，才幸免于难。这件事情深深震撼了茅以升的心。他暗暗下决心，一定要造出结实牢固的桥，让此类事件永不再发生。从那以后，只要看到桥，茅以升都会认认真真地从桥面观察到桥柱，不管是石桥还是木桥，从没有忽略过。进入学堂之后，茅以升在书本上看到了很多关于桥的文章和段落，他都抄在本子上。时间一长，积攒了厚厚的几大本子。

少年时代的茅以升，除了喜爱自然科学外，还爱好古典文学。他对《水浒传》和武侠小说很感兴趣，常常达到如痴如醉的境地。他常以背诵诗词为消遣，每天早上，都会背诵古诗古文，不论刮风下雨从来没有耽误过，经过几年的不懈努

力,他不但能背诵大量的唐诗宋词,即使对先秦的散文也能背诵十多篇,因此增强了记忆力。

一次,茅以升的祖父练习书法,当时写的是《东都赋》,当爷爷写完之后,茅以升竟然能倒背如流。祖父非常兴奋,一个劲儿地夸奖茅以升记性好。茅以升善于抓住一些可以利用的机会来训练自己的记忆力。据说他对圆周率非常感兴趣,能背到小数点后一百多位。

他用顽强的意志创造了奇迹

1911年,15岁的茅以升升入唐山路矿学堂攻读土木工程系。那年秋天,辛亥革命如火如荼地进行着,很多青年学生投笔从戎,血气方刚的茅以升也蠢蠢欲动。就在他进入大学后的第二年,孙中山来到唐山路矿学堂演讲。听了孙先生的精辟言论,茅以升更加坚定了"工程建国"的道路。从那以后,茅以升学习更加刻苦,每次考试,都名列第一。五年内,各科成绩都在90分以上,这在唐山路矿学堂的历史上从来没有过。之后,在清华学堂的积极努力之下,茅以升被官费保送到美国留学。在美国康奈尔大学研究生入学考试中,茅以升极其优异的成绩让学校的教授大为震惊。

在1917年的毕业典礼上,康奈尔大学的校长宣布,唐山路矿学堂的学生从今以后全部免试入学。在美国留学期间,茅以升虽然主攻桥梁专业,但为了增强自己的记忆力,他选择的第一副科就是高等数学。为了能早日学成回国,茅以升以顽强的意志常常挑灯夜战,仅用了一年时间就攻取了硕士学位。获得硕士学位之后,康乃尔大学名教授贾柯贝邀他留校做助教,茅以升婉言谢绝了,贾柯贝很欣赏茅以升,随即介绍

【清华历史】

1909年:游美学务处在北京设立,清华园校舍开始兴建,总办周自齐,招考第一批"庚子赔款"直接留美生,录取梅贻琦等。1910年,招考第二批"庚子赔款"直接留美生,录取竺可桢、赵元任等。1911年,清华学堂成立,当时是由美国"退还"的部分"庚子赔款"建立的留美预备学校。

茅以升到匹兹堡桥梁公司实习。无论在桥梁工程的理论上还是实践上，匹兹堡桥梁公司的实力都是当时世界一流的。实习期间，茅以升利用业余时间在卡内基理工学院夜校攻读工学博士学位。1919年，茅以升获得了卡内基理工学院的博士学位，毕业时的论文《桥梁桁架次应力》的创见被建筑学界称为"茅式定律"，并因此而荣获优秀研究生"斐蒂士"金质研究奖章。

在教育战线上呕心沥血

1920年初，茅以升登上远洋轮船，毅然返回自己的祖国。回国后受到唐山路矿学堂邀请担任工科教授。第二年，茅以升离开了母校，前往交通大学唐山学校担任副院长。1922年，茅以升被东南大学聘为教授。1923年，在他的积极努力之下，东南大学设立了工科，并且担任第一任工科主任。1924年，东南大学工科与河海工程专门学校合并，成立河海工科大学，茅以升任校长。1926年受聘于北洋大学教授，两年后担任北平大学第二工学院院长。1930年，担任江苏省水利局长，主要负责象山新港的规划建设。

在教学中，茅以升积极建议改革落后的教学体制和课程设置。他认为教师不仅仅是授业，更重要的是培养学生主动学习的习惯和能力。在教学中，他治学非常严谨，授课时根据学生的知识水平，用事例解释理论概念，让学生领会透彻。对于教学中老师把学生当作"受体"，进行灌注的现象，茅以升极力反对。

除此之外，茅以升还

尝试了一些新的教学方式。在每次上课之前，他都会指定一名学生，让他就课程提问题。通过学生所提问题的难易程度，就可以判断他对知识的掌握和领会的程度。如提不出问题，则由另一学生提问，前一学生作答。

当时，著名的教育家陶行知得知茅以升这种新的教学方式后，亲自带学生前来听课。陶行知认为，"这是个教学上的革命，值得推广"。

圆梦钱塘江

1933年，出于浙赣铁路兴建的需要，钱塘江必须要架设一座大桥，但是国内的技术人员认为这是一件十分困难的事情，几乎办不到。这时有人想起了桥梁专家茅以升。在浙江省的邀请下，茅以升辞去所有的教职工作，担任了钱塘江桥工委会主任委员、钱塘江桥工程处处长职务，邀请了康奈尔大学同学罗英任总工程师，热火朝天地干了起来。

在修桥期间，碰到了重重困难，在茅以升的带领下，工程技术人员克服了一个又一个技术难题，保证了大桥工程的进展，仅仅用了两年半的时间，整个工程就到了收尾的阶段。当时淞沪抗战正在吃紧，日军飞机经常来轰炸，在上海保卫战打响的第二天，三架日军飞机来工地轰炸，当时茅以升正在6号桥墩的沉箱里和几个工程师及监工员商量问题，突然一片漆黑，原来工地关闭了所有的电灯。此后，在茅以升的带领下，建桥的工人们冒着敌人炸弹爆炸的尘烟，夜以继日地加速赶工。1937年9月26日，大桥顺利完工，极大地方便了抗日军用物资的运输。

1937年11月，南京派人传达了政府的指示，要求炸毁钱塘江桥，因为如果杭州不保，钱塘江大桥就等于是给日本人造的了，炸桥所需炸药及爆炸器材也随同来人一起运到了杭州。

就在大桥被炸毁的这天晚上，茅以升立下誓言："抗战必胜，此桥必复。"大桥炸毁后，茅以升带领着桥工处的所有人员迅速后撤，有关大桥建设的14箱重要图表、文卷、相片一并带走。在辗转途中，茅以升舍弃了很多家什，却将这些珍贵的资料尽数保存下来。抗日战争胜利后，在茅以升的带领下，1948年3月钱塘江大桥修复完成。

新中国成立后雄姿勃发

1950年，茅以升被任命为铁道技术研究所所长，同年中华全国科学技术普及协会成立，他当选为副主席。1952年，茅以升参加九三学社后任中央副主席。同年在他的积极努力下，中国土木工程学会组织成立了土力学小组，举办土力学学术交流和普及讲座。

1955年，茅以升担任武汉长江大桥技术顾问委员会主任委员，接受修建武汉长江大桥的任务。两年之后，武汉长江大桥举行落成典礼。1958年，茅以升主持修建了人民大会堂。

为了加强国际间的交流，茅以升曾经率团访问捷克、苏联、意大利、瑞士、法国等国并作学术报告，而且在华侨知识分子中积极从事大统

一、大团结工作。

茅以升积极参加人民政权的建设，先后担任全国人大代表、常委，全国政协副主席。历任国务院科技规划委员会委员、中国科学院技术科学部副主任、中国科学技术协会副主席等职务。

清华小百科

在清华二校门北边小山下，有一块被清华校友称为"清华第一碑"的"海宁王静安先生纪念碑"，这是当年的国学研究院师生为了纪念王国维而立的，碑铭为陈寅恪撰写，"独立之精神，自由之思想"，恰是一代代清华学人精神的写照。

第五课　梁思成：向自己的学术宣战

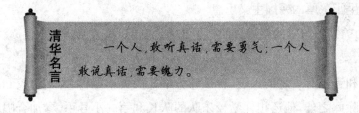

清华名言

一个人，敢听真话，需要勇气；一个人敢说真话，需要魄力。

梁思成（1901～1972），广东省新会人，著名的建筑学家、建筑史学家、建筑教育家，中国古代建筑史的开拓者和奠基者。早年接受过正统的中国古典文化教育。1923年毕业于清华学校，之后前往美国，就读于宾夕法尼亚大学建筑系，1926年先后获得了学士和硕士学位。1927年，在哈佛大学研究院从事了大半年的世界建筑史研究。1928年，回国后创办了东北大学建筑系，并担任教授兼系主任，之后加入中国营造学社研究中国建筑史，1931开始，担任中国营造学社研究员、法式部主任。1941年担任中央研究院研究员。抗战结束后为清华大学创办了建筑系，担任教授兼系主任。期间应美国耶鲁大学的聘用担任访问教授，同年还兼任中国代表担任联合国大厦设计委员会顾问。1948年获得美国普林斯顿大学荣誉博士学位。曾参加人民英雄纪念碑的设计，兼任新中国国旗、国徽评选委员会的顾问。主要作品有吉林大学礼堂和教学楼、人民英雄

纪念碑、鉴真和尚纪念堂等。

钟情建筑的爱国青年

　　1901年4月，梁思成出生在日本东京，原籍广东省新会县。父亲梁启超，著名的大学者，因为"戊戌政变"而闻名中外。在父亲的严厉督促下，梁思成从小就熟读《左传》《史记》等古籍，接受正统的中国古典文化教育。幼年时的梁思成对中国古文化有浓厚的兴趣。当时中国内外交困，屡受凌辱，这让梁思成产生了浓厚的爱国主义思想。

　　1912年，11岁的梁思成回到了北京，三年后进入清华学校就读。在校期间，梁思成学习非常用功，所以成绩很优秀。他业余爱好非常广泛。对美术和音乐有一定的兴趣，曾被聘为学校的美术编辑，经常为校刊画插图。除此之外，他还担任学校乐队的队长和第一小号手，参加合唱团和

军乐队；爱好体育，喜欢踢足球。"五四"运动爆发之后，梁思成积极参加了学校"义勇军"并且很快成为组织的骨干力量。1923年，梁思成和同学们一起去天安门广场参加"二十一条"国耻日纪念活动，回来的途中不幸被军阀金永贵的汽车撞伤，造成了左腿骨折。

　　1924年，梁思成前往美国留学，他选择的是宾夕法尼亚大学建筑系。在学校里，梁思成学习非常用功，常常泡在图书馆，用他自己的话说就是用"笨功夫"

研究古代历史和文物,因为他把著名建筑逐个画下来,以加强记忆。1927年,梁思成以优异的成绩获得了硕士学位。之后,考入哈佛大学研究生院,准备进行"中国宫室史"为主题的博士论文。在搜集资料时,日渐成熟的梁思成发现书本中的资料与现实环境之间有很大的差异,于是他决定到实地去考察研究。

【清华历史】

1952年,全国高校院系调整后,清华大学成为一所多科性工业大学,重点为国家培养工程技术人才,被誉为"红色工程师的摇篮"。

困境当中方显民族气节

1928年,梁思成在回国之前,曾经环游欧洲,参观了希腊、意大利、法国、西班牙等地的著名古建筑。他看到别的国家的古建筑受到保护,并且有专门的学者在研究,而国内的古建筑大多无人问津,并受到严重的破坏,这深深地刺痛了他的心。回国后,在东北大学的邀请下,梁思成来到东北大学任教,在那里,他创建了建筑系,并担任系主任和教授。

1931年,发生了震惊中外的"九一八"事变,东北很快沦陷。梁思成

一家迁到了北平。之后,他参加了专门研究古建筑的营造学社,并且担任法式部主任,从此投入中国古代建筑的研究中。

1937年,抗日战争全面爆发,日军占领北平之后,主办了"东亚共荣协会",邀请梁思成出席会议。梁思成誓死不与侵略者同流合污,随即携家带口长途跋涉,于1938年到达昆明。1939年,再次搬迁到四川省南溪区的李庄。当时,国难当头,国家科研经费紧张,营造学社的经费一度中断,所有人员的工资一概停发,梁思成一家的生活日渐拮据。他的妻子林徽因也患了严重的肺病,卧床不起,梁思成由于积劳成疾,患了脊椎软组织硬化症,行动很不方便。在这种情况下,梁思成接到美国好几个学校和机构邀请,让他到美国一边教书,一边治病。

经过激烈的思想斗争,梁思成毅然决然地拒绝了,他说:"国难当头,我怎么可以擅自离开呢?"就这样,梁思成拖着带病的身子,带着仅有的几位研究人员,在云南、四川等地继续坚持着古建筑的

研究。他们不辞辛劳,辗转调查了40余个县,为当时的中央博物馆绘制了大量古建筑模型图。当时林徽因每天靠在被子上工作,书案上、病榻前堆积起数以千计的照片、草图、数据和文字记录。在条件极端恶劣的情况下,仍然出版营造学社的汇刊。没有印刷工具,他们只能采用手写和最原始的石印。

为日本奈良说情

1944年,抗日战争已经接近尾声,为了取得对日作战的最后

胜利,美国空军开始对日本本土进行疯狂的轰炸。到日本宣布投降前,已经有199座城市遭到轰炸,城市的建筑40%以上遭到了毁坏,但是古都奈良却幸免于难。

当得知美国空军的轰炸计划之后,梁思成恳切请求保护奈良。他说:"从我个人的感情出发,恨不得马上炸沉日本四岛,但是京都和奈良是人类社会科学、工程技术和艺术发展的综合体,是全人类文明结晶具体象形的保留。像奈良的唐招提寺、法隆寺,是全世界最早的木结构建筑,一旦炸毁,永远无法补救……"

当梁思成的报告送到将军处时,将军沉默了。最终,在梁思成的不懈努力之下,奈良地区免受炸弹的摧毁。

为挽救城市古貌失声痛哭

抗战结束之后,梁思成赴美国讲学,由于他在中国古代建筑的研究上作出了骄人的成绩, 被普林斯顿大学授予名誉文学博士的学位。不久,梁思成回国,在清华大学创建了建筑系。1947年,他被政府派往美国担任联合国大厦设计顾问团的中国顾问, 次年被选为中央研究院院士。

梁思成一边担任清华大学教授和建筑系主任,忙于教学,一边积极投入到城市的建设工作中, 先后担任北京市都市计划委员会副主任、中国建筑学会副理事长、建筑科学研究院建筑理论与历史研究室主任、北京市城市建设委员会副主任等职。

1953年, 在时任北京市副市长吴晗的提议和倡导下, 北京市委酝酿拆除牌楼,具体工作由吴晗负责。在市委决策会议上,梁思成与吴晗发生了激烈的争论。由于吴晗的一番言论,梁思成痛心疾首,气得当场失声痛哭。他说:"拆掉一座城

【清华历史】

　　清华的文学院、理学院、法学院、农学院、航空等院系被迫割离该校而划归北京大学等校,同时吸收国内其他高校的工科院系,使清华大学成为一所多科性的工科大学,重点为国家培养工程技术人才,这一做法现为多数校友及学术界、教育界强烈否认。

楼像挖去我一块肉,剥去了外城的城砖像剥去我一层皮。"之后,在社会文化事业管理局局长郑振铎邀请的同学会聚餐中,梁思成的妻子林徽因再次与吴晗发生了一次面对面的冲突。梁思成夫妇在保护北京古都文化的过程中,可谓鞠躬尽瘁,饱受了常人无法忍受的痛苦。

清华小百科

在教育部学位中心举办的一级学科评估中,清华"工商管理"一级学科在全国高校中名列第 1。清华经济管理学科还具有广泛的国际影响力,是最早获得 AACSB 和 EQUIS 两大全球管理教育顶级认证的中国内地商学院,被世界著名的《财富》杂志称为"中国最好的商学院"。"高端定位、国际化、师资强大"是清华经管学科的重要特色。

第六课　清华名人榜——语言大师赵元任

清华四大导师中的另一位大学者是赵元任。江苏武进人,生于天津。1910年为游美学务处第二批留学生,入美国康奈尔大学,主修数学,1914年获理学学士学位。1918年获哈佛大学哲学博士学位。常人也许很难想象,这位"中国语言学之父",中国近代音乐先驱者之一,28岁竟被美国康奈尔大学聘为物理讲师。29岁时,他回到清华,担任物理、数学和心理学讲师。30岁时任哈佛大学哲学讲师。33岁时到清华国学院任导师,指导范围为"现代方言学""中国音韵学""普通语言学"等。1929年6月底国学研究院结束后,被中央研究院聘为历史语言研究所研究员兼语言组主任,同时兼任清华中国文学系讲师,授"音韵学"等课程。

【清华校友】

　　吴晗,1928年入国立清华大学史学系。1934年,他在清华大学毕业后,留校任教。中科院哲学社会科学部学部委员,是现代明史研究的开拓者和奠基者之一。中国现代著名历史学家、社会活动家。因《海瑞罢官》的剧本,在"文革"中被迫害致死。死后10年被平反,恢复党籍、名誉权。

赵元任从小就显露出语言天才,各种方言一学就会。14岁进常州溪山小学。1907年入南京江南高等学堂预科,成绩优异,英语、德语都学得很好,深得美籍英语教师嘉化的喜爱。嘉化常邀赵元任去他家中做客。嘉化夫人善于弹钢琴和唱歌,赵元任跟嘉化夫人学唱过《可爱的家庭》和《离别歌》(亦译《天长地久》)等歌曲,是为他接受西方音乐之始。

赵元任最后一次出国是在1938年,以后便定居美国,入美籍。从1939年起,历任美国耶鲁大学访问教授(1939—1941)、美国哈佛燕京社《汉英大辞典》编辑 (1941—1946)、美国海外语言特训班中文主任(1943—1944)、美国密执安大学语言研究所教授(1946—1947)。从1947年起,专任美国加州大学教授,1965年退休,任该校离职教授至逝世。1981年回国探视,北京大学又授予他名誉教授称号。他一生任教职63年,这在中外教育史上,实属罕见。

赵元任具有非凡的语言方面的天赋。据说,他的耳朵可以辨别各种语言。在一星期以内,他就可以学会一种语言,能听,能说,而且说得很好。1920年。哲学家罗素(英)来清华参观讲学,赵元任任翻译,并陪同罗素周游全国各地,每到一个地方,他就用当地的方言翻译。亲友们都鼓

励他向语言方面深造,于是他于年底辞去清华教席,准备到国外去专攻语言学(那时,语言学在中国尚属空白)。1921年6月,他与杨步伟医生结婚后,便一同出国。他先觅定哈佛大学哲学讲师的职位。于1922年又去法国莎娜学院专门研究语言学一年。至此他已初步奠定了"中国语言学之父"的基础。1925年回国后,他在清华担任课程有方音学、普通语言学、音韵练习、中国音韵学、中国乐谱乐调、中国现代方言等,并先后去江浙、江西、湖北、广东等地考察方言。从1922年至1948

年,他共发表语言学专著14种,论文21篇。1948年以后,他在国外任教期间,又用英文写了《中国语字典》《粤语入门》《中国语语法之研究》《湖北方言调查》等专著。20世纪50年代后期,他曾在台北作"语言问题"的系统讲演,系统地讲了语言学以及同语言学有关的各项基本问题,讲述了他在语言学研究方面的心得和结晶,讲稿汇集成书,并已由商务印书馆出版。此外,他还灌制了许多有关语言方面的唱片,单是中国华中、华南各省方言的录音唱片,就有2000多张。

赵元任可以称得上是精通汉语,但绝不单是一位汉语学家。在外国语方面,据他自己说:"在应用文方面,英文、德文、法文没有问题。至于一般用法,则日本、古希腊、拉丁、俄罗斯等文字都不成问题。"特别是出国定居以后,他有机会遍游欧美各地,了解和学习各国各地的语言现象,简直到了广通博达的地步。他讲古今汉语和各地方言,能够用上述随便哪个国家的古语和方言举例做比较。他操各国语音同他说汉语"国语"和方言一样细致入微。有一次,他在索邦用法语讲演,用纯粹的标准国定的法国语音,讲完了,听众对他说:"你法国话说得真好,你的法国话比法国人说得都好。"他在关于语言学的讲学或著作中,经常使用一些多由他自己创作的妙趣横生的故事来加深人们的印象。

赵元任是清华校友中博通人才之一。他的知识面和文才是多方面的,并不仅限于他所从事的专业范围以内。他的主要著作有《国语新诗韵》《现代吴语的研究》《广西瑶歌记音》《粤语入门》(英文版)《中国社会与语言各方面》(英文版)《中国话的文法》《中国话的读物》《语言问题》《通字方案》,出版有《赵元任语言学论文选》等。

赵元任一生中最大的快乐,

【清华校友】

夏鼐,1910年2月7日生,1930年考入燕京大学历史系,后转入清华大学历史系,获文学学士学位。1935年改去英国伦敦大学攻读考古学,留学期间就开始了考古生涯。1941年,学成归国的夏鼐至四川南溪区李庄,任"中央"博物院筹备处专门设计委员。1945年,在甘肃进行考古工作,调查发掘了宁定阳洼湾等遗址,第一次从地层学上确认仰韶文化的年代早于齐家文化,为建立黄河流域新石器时代文化的正确年代序列打下了基础。

【清华校友】

季羡林,1911年8月2日生于山东清平一个贫困农民家庭,1930年高中毕业后,他以优异的成绩考入清华西洋文学系。1935年,季羡林赴德国留学。1946年回国,又承清华教授陈寅恪的引荐,进了北大。此后,季羡林执教北大六十余年。季羡林是集古文字学家、历史学家、东方学家、思想家、翻译家、佛学家、作家于一身,精通12国语言的"国学大师"。

是到了世界一些地方,当地人都认他做"老乡"。

二战后,他到法国参加会议。在巴黎车站,他对行李员讲巴黎土语,对方听了,以为他是土生土长的巴黎人,于是感叹:"你回来了啊,现在可不如从前了,巴黎穷了。"

后来,他到德国柏林,用带柏林口音的德语和当地人聊天。邻居一位老人对他说:"上帝保佑,你躲过了这场灾难,平平安安地回来了。"

他在途中向湖南人学长沙话,等到了长沙,已经能用当地话翻译了。讲演结束后,竟有人跑来和他攀老乡。

赵元任曾表演过口技"全国旅行":从北京沿京汉路南下,经河北到山西、陕西,出潼关,由河南入两湖、四川、云贵,再从两广绕江西、福建到江苏、浙江、安徽,由山东过渤海湾入东三省,最后入山海关返京。这趟"旅行",他一口气说了近一个小时,"走"遍大半个中国,每"到"一地,便用当地方言土话,介绍名胜古迹和土货特产。

这位被称为"中国语言学之父"的奇才,会说33种汉语方言,并精通多国语言。研究者称,赵先生掌握语言的能力非常惊人,因为他能迅速地穿透一种语言的声韵调系统,总结出一种方言乃至一种外语的规律。他还被称为罕见的通才、一个"文艺复兴式的智者"。作为与梁启超、王国维、陈寅恪并称于世的清华国学研究院"四大导师",语言学是他着力最深的领域,然而他同时还兼授物理、逻辑等课程。他雅好音乐,曾专攻和声学与作曲法,会摆弄多种乐器,毕生都与钢琴为伴。他一生创作过一百多首音乐作品,包括声乐和器乐。他跟他的女儿们,凡有机会聚在一起,就组成一个家庭合唱团,分声部地练习演唱他的新作或旧作。

赵元任告诉女儿,自己研究语言学是为了"好玩儿"。在今人看来,淡淡一句"好玩儿"背后藏着颇多深意。世界上很多大学者研究某种现象或理论时,他们自己常常是为了好玩。"好玩者,不是功利主义,不是沽名钓誉,更不是哗众取宠,不是一本万利。"

赵元任曾编了一个极"好玩儿"的单音故事,以说明语音和文字的相对独立性。故事名为《施氏食狮史》,通篇只有"shi"一个音,写出来,人人可看懂,但如果只用口说,那就任何人也听不懂了:"石室诗士施氏,嗜狮,誓食十狮。氏时时适市视狮。十时,适十狮适市。是时,适施氏适市。氏视是十狮,恃矢势,使是十狮逝世。氏拾是十狮尸,适石室。石室湿,氏使侍拭石室。石室拭,氏始试食十狮尸。食时,始识十狮尸,实十石狮尸。试释是事。"

语言学家陈原在回忆文章中写道:"赵元任,赵元任,在我青少年时代,到处都是赵元任的影子。"少年时,他着迷于赵元任翻译的《阿丽思漫游奇境记》(这本是赵兴之所至偶一为之,却成就了一部儿童文学经典译作)。长大了,想学"国语",就用赵元任的《国语留声片课本》当老师。后来迷上了音乐,迷上了赵元任

的音乐朋友萧友梅介绍的贝多芬《欢乐颂》,也迷上了赵元任谱曲并亲自演唱的《教我如何不想她》。

现代音乐的先驱

赵元任出身于书香世家。母亲擅昆曲,父亲擅奏笛,可谓夫唱妇随。他自幼便受到良好的音乐熏陶,在音乐上也有天赋。在南京上中学时开始学钢琴,到了大学时代,无论主修哪一门功课,他总要进修"和声学""对位学""作曲""声学"等课程。他还参加了学校组织的歌咏团,并担当过歌咏队指挥。从1922年至1948年,他曾先后创作了歌曲、钢琴曲100余首。

在"五四"爱国主义、民主主义思潮影响下,赵元任热情洋溢地创作了一些富有时代精神的音乐作品。如《呜呼三月一十八》《我们不买日本货》等具有强烈民主和爱国思想的歌曲。人民音乐出版社出版的《赵元任歌曲集》中,歌词是由许多现代知名作家或诗人刘大白、刘半农、徐志摩、施谊以及赵元任自己创作的。在《卖布谣》《劳动歌》两首歌里,他对当代中国工人阶级和善良质朴的小生产者的悲惨境地寄予无限同情。即使他所作的抒情歌曲,如《秋种》《听语》《海韵》,也揭示了人民追求个性解放和对美好未来的向往。1936年,他在"百代"公司灌录了一首《教我如何不想她》的唱片,近半个世纪以来一直脍炙人口。

1981年他最后访问北京期间,多次被邀请唱这首歌。一次在音乐学院唱完这首歌后,人们向他提问,这是不是一首爱情歌曲?其中的"他"究竟是谁?赵老回答说:"'他'字可以是男的,也可以是女的,也可以是指男女之外的其他事物。这个词代表一切心爱的他、她、它。"他说这首歌词是当年刘半农先生在英国伦敦写的,"蕴涵着他思念祖国和怀旧之情。"

赵老当时还向大家讲了一段有关这首歌曲的趣闻。他说,当时这首歌在社会上很流行,有个年轻朋友很想一睹歌词作者的风采,问刘半农到底是个啥模样?一天刚好刘到赵家小坐喝茶,而这位青年亦在座。赵元任夫妇即向年轻人介绍说:"这位就是《教我如何不想她》的词作者。"年轻人大出意外,脱口而出说:"原来他是个老头啊!"大家大笑不止,刘半农回家后,曾写了一首打油诗:"教我如何不想他,请进门来喝杯茶,原来如此一老叟,教我如何再想他!"

赵元任创作的家庭音乐作品。有些是为女儿写的,也教她们唱。连上邮局寄信的当儿,也不放过,让女儿坐在长凳上学唱。他很会利用时间,把许多歌曲写在小五线谱本子上,随身携带,一有灵感就写。他的大女儿赵如兰说:"他的许多音乐作品,都是在刮胡子的时候创作的。"

赵元任从20世纪20年代到30年初所作歌曲的歌词,大部分系刘半农所作。当1933年刘半农因病逝世时,赵老曾深情地写一挽联:"十载奏双簧,无词难成曲;数人弱一个,教我如何不想他。"

别开生面的婚礼

1920年,赵元任从美国哈佛大学获哲学博士学位回到清华大学任教,经友人介绍认识了出身皖南名门望族的杨步伟女士。杨步伟在考入南京旅宁学堂时,入学考试作文题为《女子读书之益》,她竟大胆地写道:"女子者,国民之母也。"步伟这个名字,就是她的同学、好友看她抱负不凡为她而取

的。杨步伟自幼反对封建礼教，不肯缠足，并大胆拒绝了父母为她包办的婚姻，孤身跑到上海读书。1919年，全国掀起反帝和反封建的革命浪潮，杨步伟也参加了这场运动。当时安徽督军兼一、四两方面军军长的柏文蔚，要为500人的女子北伐队办所崇实学校，特聘杨步伟担纲校长之职。她毅然出任，领导学员学纺织、打绒绳、学刺绣、学救护……搞得轰轰烈烈。后来留学日本，在东京帝大获医学博士学位。毕业后，她在北京绒线胡同和友人合开了一所"森仁妇产科医院"，开创妇女创业风气之先。赵元任在众多的追求者中慧眼识金，一眼认定了大他3岁的杨步伟。他非常敬佩这位女医生的才能和魄力。1921年有情人终成眷属。

说到他们的婚礼，那也是杨步伟女士蓄意向世俗的一场挑战。当时凭他俩家庭关系、社会地位和经济实力，婚礼本应办得排场和体面。但他们想打破旧的婚姻制度，俩人别出心裁，先到中山公园当年定情的地方照张相，再向有关亲友发了一份通知书，声明概不收礼。当天下午，他们把好友胡适和杨步伟在医院工作时的同事朱征请到家中，由杨步伟掌勺，做了四碟四碗家常菜宴请了这两位证婚人。然后赵元任从抽屉里取出结婚证书，新郎新娘先签了名，接着两位证婚人也签了名，为了合法化，还贴了四角钱印花税，就这样完成了简单而浪漫的婚礼。当这消息传出后，第二天报纸上以《新人物的新式结婚》为大标题，宣扬了一番。连英国哲学家罗素当时也认为这个婚礼"够简单了，不能再简单了。"

汉语言学之父

1927年春天，赵元任在清华大学研究所担任指导老师时，曾到江、浙两省专门调查吴语。经常是一天跑两、三个地方，边调查边记录，找不到旅馆就住在农民家里。一次，他和助手夜间由无锡赶火车去苏州，只买到硬板椅的四等车票。由于身体太疲乏，上车后躺在长板座上就呼呼地睡着了。等醒来时，满车漆黑，往外一看，才知道前面几节车厢已开走，把这节四等车厢甩下了。助手问他怎么办？他说："现在反正也找不到旅馆，就在车上睡到天亮吧！"助手见他身体虚弱，劝他每天少搞点调查，他诙谐地说："搞调查就是要辛苦些，抓紧些，否则咱们不能早点回家呀！将来不是要更费时间，也更辛苦吗？"

在那次调查吴语的行动中，他不辞劳苦，经镇江、丹阳、无锡，每站下车，再乘小火轮到宜兴、溧阳，又转回到无锡等地，冒着严寒，辗转往复，深入群众，多访广纳，记录了大量的当地方言。3个月后，回到北京，他把调查的材料写成一本《现代吴语研究》。在出版此书时，语音符号采用国际音标，印刷厂没有字模，他和助手就自己用手写，画成表格影印，每天工作在10小时以上。这本书出版后，为研究吴语和方言作出极为珍贵的贡献，赵元任也成为中国方言调查的鼻祖。

中国语言学贡献

赵元任教授撰写和发表过大量有影响的论文和专著，在国内外学者中享有很高声誉。他在美国除了在大学任教外，用英文和中文写下了大量语言学著作：《中国语言词典》《中国语入门》《中国语文法之研究》《现代吴语研究》《钟祥方言记》及《湖北方言报告》等。1972年，赵老退休后，仍不断致力著述，写出《语言学跟符号的系统》《白话读物》等书。在他病逝前不久，还构想以同音替代的办法，把《康熙字典》上1万多个字合成一本2000字的《通字》，以用于日常行文，可惜未能如愿。

赵元任早年曾和语言专家黎锦熙先生致力于推广普通话工作，为此他创造了国语罗马字，并灌录了国语留声唱片。赵老经历过"五四"新文化运动的洗礼，他一贯提倡彻底的白话文。1981年笔者访问赵老时，他对目前国内人们的口语有这样的感慨："现在教育水平高了，人们的说话受广播、报刊、电视等媒体的影响，出口书面语多，不大爱讲白话了。如现在北京人爱说"开始"，不说"起头儿"；把长外衣不叫"大氅"，而叫"大衣"。连小孩说话也是文绉绉的，人们的日常生活语言显得缺少生活气息。

在他这次回国访问和探亲期间，曾用各种方言和友人、学生进行交谈。著名相声艺术大师侯宝林见到赵老时，两人兴致勃勃地用方言对话，逗得大家捧腹大笑。

中国著名语言学家、社会科学院语言所所长吕叔湘称赞赵老对中国语言学的贡献，一是他以现代的语言作为语言学的研究对象，给中国语言学研究开辟了一条新路；二是他给中国语言学的研究事业培养了一支庞大的队伍。

清华小百科

在国家表彰的 23 位两弹一星勋章获得者中，有 14 位是清华校友。在清华近百年的历史中，59 位清华学子当选为新中国成立前的中央研究院院士，500 多位校友（含协和）当选为中国科学院院士和中国工程院院士，17 名校友当选美国国家院士。约有 1/4 的中国科学院院士，1/5 的中国工程院院士是清华校友，500 多名毕业生就任国内院校校长、党委书记，以上数据在国内均位列全国高校第一位。

后　记

　　本丛书是根据世界著名大学文化教育长期思考研究编辑而成，它代表着我的一份独立思考，更代表着我的一份紧张和不安。

　　我知道书是写给别人看的，且不说怎样去影响别人、打动别人，起码得让人饶有兴致地读下去吧。我试图从新的视角，新的写作方式，尽可能全面准确地把握写作主题，让读者从世界著名的 20 所高等学府中获取知识，从而提高自身的文化素质，学习思考问题和学术研究的新方法。在文化交流中，读者能够从本丛书中了解到世界著名大学的文化教育思想，同时可以学习借鉴这些大学教育经验的有效做法和成功经验。我知道，想到了未必能做到，更未必能做得好。这是个大问题，就算不能够起到抛砖引玉的效果，但是在编写过程中我还是做了大胆的尝试，希望读者们可以在阅读的过程中有所收获，有所启发。

　　本着这样的想法和初衷，经过长期的准备和编写，书稿业已完成。大学是人才荟萃、知识丰富和精神自由的地方，在大学里，每个大学生的人生都会因为环境而发生重大的转折和改变，这也是人生获取能量、积累资源最重要的时期。因此，大学生在校期间应该兼收并蓄，广泛寻求与老师、同学、校友之间的互动交流机会，从而既可获得一面立体的"镜子"，清晰地认清自己，又能获得各类精神营养的滋润，让自己拥有领袖的气质。

　　大学是未来领袖的摇篮，是天才的渊薮，也是一个人在走向社会之前的自我磨练的地方。在这样一个思想极度开放自由的地方，作为大学生必然会遇到各种各样的问题。在这套丛书中，我们不仅介绍各所世界名校的

发展历程、研究成果,同时我们还介绍了这些高等学府的知名校友,青少年在阅读时会从那些名人的生平事迹中有所感悟,从而影响青少年读者的人生价值观。我始终认为大学教育是一个人在成才过程中必不可少的教育阶段,在这一时期,大学生们必须要有自我发展的意识,而"未来领袖摇篮"丛书正好符合了青少年在这方面的需求。

大学有着深厚的文化积淀,其功能是培养符合社会需要的人才。尽管大学中的教学活动都是围绕专业知识的传授和学习展开的,实际上,一批又一批的青年学子始终是在学校中各种"潜在课程"、"无形学院"的培养、熏陶和影响下成长的。学知识与学做人,始终是摆在大学生面前的两件同等重要的任务。大学教育的本质在于人的教育。

高等教育的最重要目标并不是为了培养出多少具有先进知识的人才,而是在于培养具有高等素质的复合型人才。换句话说,在学生的专业知识与人格得到全面发展的同时,大学作为培养"未来领袖的摇篮"肩负着责无旁贷的重任。